Ecce Homo – Im Wandel

Ich danke:

Tina, die mich geboren und unterstützte.

Dinie, die mir zeigte, dass Frauen anders ticken.

Hans, weil er mir aus der ersten Identifikationskrise half.

Jelle, der mir die zweite Schulchance eröffnete.

Gernot, weil er mich forderte.

Eduard, weil er mich ließ.

Karl, weil er mir sein Wissen gab.

Harald, weil er seine Herausforderung mit mir teilte.

Simone, weil sie auf gut Deutsch mit mir kommunizierte.

Evi, weil sie mir andere Wege aufzeigte.

Anne, weil sie mir half.

Herbi, weil er mit mir spiegelte.

Udo, weil er mir andere Strukturen zeigte.

Doris, die mich liebend sehen lässt.

Manchen, die mich „enttäuschten" und ich dadurch
meine Gefühle kennen lernte.
Wenigen, die mir schadeten, weil ich lernte,
Ungerechtigkeit zu ertragen.

NOMIS POSTHUMA

Ecce Homo –
Im Wandel

Bibliografische Information der Deutschen Nationalbibliothek:
Die Deutsche Nationalbibliothek verzeichnet diese Publikation in der Deutschen
Nationalbibliografie; detaillierte bibliografische Daten sind im Internet über
http://dnb.d-nb.de abrufbar.

© 2008 Nomis Posthuma
Satz, Umschlagdesign, Herstellung und Verlag:
Books on Demand GmbH, Norderstedt
ISBN: 978-3-8334-7705-8

INHALTSVERZEICHNIS

1. EINLEITUNG

Eremitengeschichte, Pilatusgeschichte, beschränkte Denke, Buch nicht kaufen

Sie finden in diesem Buch kaum Weisheiten, die nicht schon vorher gedacht und geschrieben wurden. Sie finden kaum etwas, was mein Ureigen ist.
Ich danke denen, die vor mir das alles gedacht haben. Es hat mir geholfen, all diese „neuen" Gedanken auf meinem Lebensweg aufzusammeln und in einen eigenen Zusammenhang zu stellen. Wenn ich also etwas Neues gemacht habe, dann habe ich Verbindungen hergestellt.

Nomis Posthuma

Warum „Ecce Homo"? Für wen?

„Ecce Homo" ist ein kleiner Ort in der Nähe von Luzern. Er besteht aus einigen wunderschönen alten Häusern und einer Kapelle. Wegen der Fruchtbarkeit der Ländereien stritten zwei Gemeinden lange Zeit um die Zugehörigkeit dieses Fleckchens Erde. Zu Gründungszeiten bestand die gesamte Bevölkerung aus einem einzigen Eremiten. Als dieser schließlich unterstützungsbedürftig wurde und eine der beiden Gemeinden für ihn aufkommen sollte, war man bemüht, ihn an die andere Gemeinde abzuschieben. Und stellte damit die Existenz des Fleckchens „Ecce Homo" infrage.

Westlich von „Ecce Homo" liegt das so genannte Pilatus-Gebirge. Der Sage nach wurde in diesem damals unzugänglichen Gelände der Geist des Pilatus verbannt. Als Strafe, dass er Barnabas statt Jesus freigelassen hatte. „Ecce Homo!" – übersetzt: „Sehet, welch ein Mensch!" – steht im kunstbildnerischen Bereich genau für diese Situation. Sprich: Ich weiß, dass diese Entscheidung Unrecht ist, aber ich wasche meine Hände in Unschuld. Es stellt sich also die Frage, ob es nicht die größere Schuldhaftigkeit ist, Ungerechtigkeit zuzulassen, derer man sich bewusst ist. Mord zuzulassen ist mindestens ebenso verwerflich wie das

Morden selbst. Seine Hände in Unschuld zu waschen, tilgt keine Schuld, sondern zeigt nur, dass man die eigene Verantwortung nicht wahrgenommen hat.

In Zeiten hoher Arbeitslosigkeit Karriere zu machen, ohne sich zu verbiegen, in schwierigen Situationen die Hände nicht in Unschuld zu waschen oder opportunistisch zu sein, ist sehr anspruchsvoll, aber dennoch erstrebenswert.

Diese kleine Geschichte und die darin enthaltene Botschaft „Der Mensch steht im Zentrum, nicht das Unternehmen, die Maschinen oder Produkte" haben mich veranlasst, das Buch „Ecce Homo" zu nennen. Nietzsche allerdings ist mir zuvorgekommen. Deshalb also:

„Ecce Homo – Im Wandel" oder „Der Weg und die Veränderung sind das Ziel".

Anfangs geht es um die Selbstführung – Voraussetzung für ein gelungenes Privatleben. Grundlage ist zielbewusstes Handeln in eigener Sache mit ausreichender Kenntnis der eigenen Fähigkeiten, Stärken, Schwächen und Intelligenzen. Denn das führt zur Realisierung der Wunschträume und dem Wissen über den zu zahlenden Preis.

Danach kommt die Berufsführung – Voraussetzung für ein gelungenes Berufsleben. Grundlagen: zielbewusstes Handeln in eigenen Berufs- und Firmenangelegenheiten. Die Berufsführung setzt ausreichende Kenntnis der Firmenkompetenzen und -fähigkeiten inklusive der Bestimmung des eigenen Wirkungsgrads voraus. Das führt zur Realisierung der Vision und dem Wissen um den zu erbringenden Aufwand.

Dieser Teil befasst sich auch mit dem Thema Unternehmensführung – Voraussetzung für den Erfolg als Unternehmer. Das bedeutet, bewusstes Handeln als Modus, die Balance zu erhalten, setzt ausreichend empathische Intelligenz und Mut voraus und führt zur Erfüllung auch der gesellschaftlichen Verantwortung.

Schließlich wird aufgezeigt, welche Chancen die europäische Gesellschaft in der Globalisierung hat.

Dieses Buch fordert auch Sie zur Stellungnahme heraus. Allerdings benötigen Sie Mut zur Selbsterkenntnis, schließlich stehen Sie im Mittelpunkt.
Wie fühlen Sie sich bei folgenden Aussagen?

„Der Markt wird es schon richten"

„Kapitalismus ist inzwischen sozial"

„Die Rahmenbedingungen stimmen eben nicht mehr"

„Wir müssen uns nach dem Shareholder-Value richten"

Fühlen Sie sich dabei wohl, dann haben Sie möglicherweise eine „beschränkte Denkstruktur". Bitte kaufen Sie dieses Buch nicht, es wird Ihnen nicht gefallen. Verbringen Sie Ihre Zeit mit etwas anderem. Wenn Sie dieses Buch geschenkt bekommen haben, dann geben Sie es zurück. Fühlen Sie sich jedoch bei obigen Aussagen – und sei es auch nur leicht – unwohl, dann herzlichen Glückwunsch: Sie haben sich Ihre Fähigkeit zum „ganzheitlichen Denken" bewahrt. Ob Sie diese auch genügend nutzen, werden Sie beim Lesen herausfinden. Jedenfalls wissen Sie immer noch oder bereits schon, dass viele Darstellungen zu kurz greifen bzw. zu kurz greifen sollen, um ein tieferes Verständnis eines Kontextes zu erreichen.

Oder anders gesagt: Sind Sie bereit, in den Spiegel zu blicken und für sich bzw. Ihr Unternehmen folgende Fragen zu beantworten: „Wer bin ich, welche Werte habe ich und wo will ich hin?" Dann haben Sie eine Chance, sich zu bewegen und einen wirklichen Wandel zu erzielen. Nun fehlt nur noch die Konsequenz.

Regen Sie sich auch über beschränkte Denkart auf? Falls ja, haben Sie Ihre Intuition behalten. Wäre es dann nicht notwendig, dass Sie sich mit den Fähigkeiten und Möglichkeiten Ihrer Intelligenz beschäftigen? Oder Ihre „Lebensträume" neu definieren? Dann wird dieses Buch von unschätzbarem Wert für Sie sein. Wollen Sie sich aktiv auf den Weg zum Ziel machen und Ihre Karriere geradlinig angehen? Dann blättern Sie um. Hier sind Sie goldrichtig! Ich wünsche Ihnen viel Erfolg, Freude und Entdeckergeist dabei.

Friedrich Nietzsche, Ecce Homo:

„Wer diese Luft … zu athmen weiss, weiss, dass es eine Luft der Höhe ist, eine starke Luft. Man muss für sie geschaffen sein, sonst ist die Gefahr keine kleine, sich in ihr zu erkälten. Das Eis ist nahe, die Einsamkeit ist ungeheuer – aber wie ruhig alle Dinge im Lichte liegen! Wie frei man athmet! Wie viel man unter sich fühlt! – Philosophie, wie ich sie bisher verstanden und gelebt habe, ist das freiwillige Leben in Eis und Hochgebirge.“

2. DIE SELBSTFÜHRUNG, SIE ALS MENSCH UND INDIVIDUUM

2.1 Ziel versus Weg, Motivationskette, Motiverad, Gefühle, Gefühlsrad, Ankommen, Reife

Wohin wollen Sie?

Was tun Sie, wenn Sie eine Reise planen? Ich meine keinen Ausflug. Ich denke an etwas Herausforderndes. Etwas, bei dem Sie möglicherweise an Ihre Leistungsgrenzen kommen. Etwas, das Sie nicht aus dem Stand oder einer Laune heraus mal eben so realisieren können. Eine solche Reise könnte z. B. sein:

* Wandern auf dem Jakobsweg
* Winterdurchquerung der Alpen
* Fahrradumrundung der Südinsel von Neuseeland

Zuallererst legen Sie das Ziel fest – wissen Sie, wohin Sie wollen? Bevor Sie sich Gedanken darüber machen, wie Sie dorthin kommen, müssen Sie wissen, wo Sie stehen. Wo ist also der Ausgangspunkt?
In Abbildung 1 über die personale Prozesskette ist die Reihenfolge das Wichtigste:

Erst das Ziel, dann das Ist und erst dann der Weg.

Erst danach stellt sich die Frage, ob Sie sich den Weg auch leisten können – die Planung beginnt. Anfangs nur grob: Wollen Sie fliegen oder mit der Bahn fahren? Was wollen Sie mitnehmen? Wie viel Zeit brauchen Sie zur Vorbereitung? Wie viel Geld ist nötig? Welcher Umweg ist hilfreich? Macht es möglicherweise zu dritt mehr Spaß? Sind Sie sicher? Danach kommt die Detailplanung und die Vorfreude beginnt. Worauf freuen Sie sich? Was glauben Sie am Ende erreicht zu haben? Was sind Ihre genauen Vorstellungen davon,

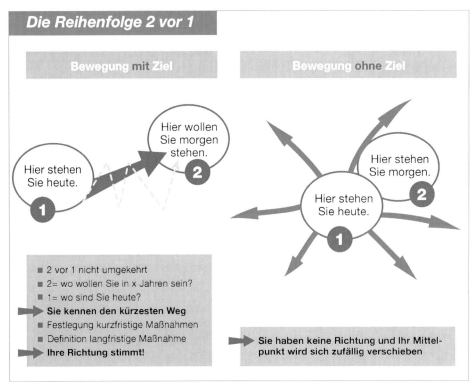

Abbildung 1

was Sie haben werden, wenn Sie angekommen sind? Was beabsichtigen Sie wirklich? Was treibt Sie an? In Abbildung 1 habe ich den Gesamtprozess und die dringend notwendige Reihenfolge dargestellt.

Schauen Sie etwas genauer auf Ihre Motive und Emotionen. Nichts geschieht ohne Motivation. Rein gar nichts. Alles ist motivationsbedingt. Unsere Motive sind verantwortlich für unser Verhalten, da wir durch unser Verhalten ein Ziel erreichen wollen.

Emotionen sind Gefühlsbewegungen. Ihre Intensität bestimmt den Drang zur Umsetzung. Sie sind die Quelle, um den Weg zum Ziel auf sich zu nehmen. Waren die Gefühle stark, wird normalerweise bei der Zielerreichung eine starke

14

Befriedigung empfunden. Emotionen sind daher die eigentliche Antriebskraft. Sie bewegen uns. In Abbildung 2 ist die komplette Wirkungskette bis hin zu Emotionen dargestellt.

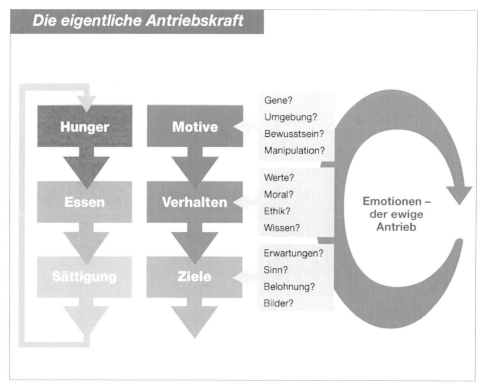

Abbildung 2

Einige unserer Motive sind uns nicht bewusst, manche nur schwach, andere aber sind uns sehr wohl bekannt. Nehmen wir das Beispiel „Hunger". Hunger ist ein Motiv. Weil wir Hunger verspüren und das nicht gerade angenehm ist, wollen wir essen. Wir wollen essen mit dem Ziel, satt zu werden. Das ist ein schönes Gefühl. Das ist unsere Belohnung. Wir erkennen hieran, dass Gefühle und Emotionen Antriebe sind, aus der passiven Feststellung „Ich habe Hunger" zu einer Aktivität zu gelangen, die da essen heißt. Wir tun das, weil wir erwarten, uns besser zu fühlen, sobald wir das Ziel erreicht haben. Das Motiv „Hunger" mag uns nicht immer bewusst sein. Gerade auf der Nordhalbkugel der Erde ist das Essen schließlich rund um die Uhr verfügbar. Vielleicht haben Sie doch mehr Lust als Hunger? Oder es passt sehr gut zu Ihrem Image, wenn Sie heute zum Italiener essen gehen? Was war Ihr Motiv noch mal?

Nehmen wir das Atmen. Atmen ist ein Verhalten, dessen wir uns selten bewusst sind. Motiv hierbei ist die Energiegewinnung durch Sauerstoffzufuhr. Das Ziel ist es, gerade so viel Sauerstoff in den Körper zu pumpen wie notwendig, um ausreichend Energie zu erzeugen. Wir bemerken unser Atmen im Normalfall kaum. Gehen Sie aber einmal ins Hochgebirge. Steigen Sie mit ordentlichem Tempo auf 3000 Meter Höhe. Dort werden Sie Ihr Atmen sehr schnell bewusst steuern und regulieren. Ja, sogar Ihr Anfangstempo verringern.

Wollen Sie ein direkteres Beispiel? Dann lassen Sie uns ein Auge auf das Motiv „Geldgier" werfen. Ziel ist es, möglichst viel Vermögen anzusammeln. Dagobert Duck lässt grüßen. Um dieses Ziel zu erreichen, könnten Sie versucht sein, Geschäftsverträge mit Ihren Kunden so zu gestalten, dass Sie möglichst viel aus ihnen herausholen. Möglichst viel auspressen. Natürlich, wenn es irgendwie geht, ohne dass diese es bemerken. Oder erst zu spät. Haben Sie Skrupel?

Wir müssen nicht allen unseren Motiven zwangsweise nachgehen, aber es ist äußerst hilfreich zu wissen, was die Natur uns mitgegeben hat. Das sind nicht nur Mechanismen, körperlich fit zu bleiben. Schon im Bereich Sexualität, mit all ihren denkbaren Formen, im Bereich Kampf-/Überlebensverhalten finden Sie Antriebe, die es zu filtern gilt. Sie sollten also z. B. mit Ihrem Sexualtrieb verantwortungsvoll und ethisch umgehen. Er betrifft immerhin auch stets andere Menschen.

> *„Die Freiheit des Menschen liegt nicht darin, dass er tun kann, was er will, sondern dass er nicht tun muss, was er nicht will."*
> **Jean-Jacques Rousseau**

Wenn Sie mehr über die Motivationslehre erfahren wollen, empfehle ich das Buch von Evelyn Kroschel.[1] Hier finden Sie das Rad der Motive.

---

[1] **Evelyn Kroschel**, Die Weisheit des Erfolgs, ekl-edition, 2008

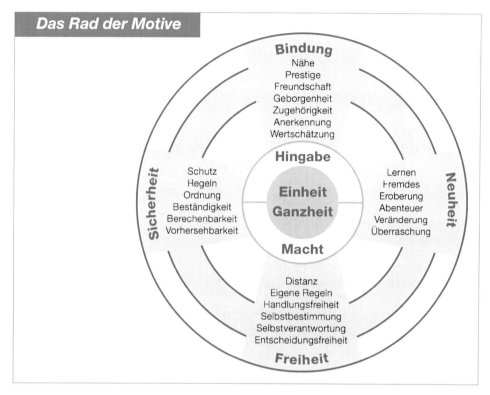

Das Rad der Motive

Bindung
Nähe
Prestige
Freundschaft
Geborgenheit
Zugehörigkeit
Anerkennung
Wertschätzung

Hingabe

Einheit Ganzheit

Sicherheit
Schutz
Regeln
Ordnung
Beständigkeit
Berechenbarkeit
Vorhersehbarkeit

Neuheit
Lernen
Fremdes
Eroberung
Abenteuer
Veränderung
Überraschung

Macht

Distanz
Eigene Regeln
Handlungsfreiheit
Selbstbestimmung
Selbstverantwortung
Entscheidungsfreiheit
Freiheit

Abbildung 3

Evelyn Kroschel unterscheidet im Wesentlichen vier Pole. Einer beinhaltet die „Bindungs-Motivation", hier wird das Bedürfnis nach Nähe und Geborgenheit sichtbar. Im Gegenpol finden wir die „Freiheit", das Bedürfnis, das Leben mit eigenem Handeln selbstverantwortlich gestalten zu können. Weiterhin haben wir – hier links – die „Sicherheit" mit dem Bedürfnis nach Beständigkeit und Berechenbarkeit. Hier ist der Gegenpol die „Neuheit", mit dem Bedürfnis, Neues zu entdecken und zu erleben.

Alle vier Pole sind im Menschen vorhanden. Dieses Rad zeigt unsere Bedürfnisskala und

als gesunder Mensch wollen wir alles.

Sowohl Freiheit als auch Bindung. Zwar nicht zum gleichen Zeitpunkt, in der gleichen Minute, aber doch vielleicht am gleichem Tag. Wir schwanken zwischen den Polen hin und her und befriedigen gerade dadurch unsere Bedürfnisse umfassend. Wir Menschen brauchen von allem etwas und ausreichend zu *dem* Zeitpunkt, zu dem wir es uns wünschen.

Immer dann, wenn Sie sich in einer Situation nicht ganz wohl fühlen,
wird eines Ihrer Bedürfnisse nicht befriedigt.

Welches das sein kann, erkennen Sie an einem Mangelgefühl.

Die Gefühle

Liebe	Überraschung
■ Freundlichkeit, Akzeptanz, Güte, Vertrauen, Affinität, Vernarrtheit, **Anbetung** ■ Freude, Zufriedenheit, Fröhlichkeit, Behaglichkeit, Befriedigung, Entzücken, Seligkeit, Verzückung, Ekstase, **Manie** ■ Trauer, Freudlosigkeit, Niedergeschlagenheit, Trübsal, Kummer, Leid, **Depression**	■ Verwunderung, Erstaunen, Verblüffung, **Schock** ■ Scham, Verlegenheit, Kränkung, Demütigung, Zerknirschung, **Kasteiung**
Zorn	**Furcht**
■ Verärgerung, Groll, Wut, Entrüstung, Empörung, Hass, **Gewalttätigkeit** ■ Abneigung, Geringschätzung, Widerwillen, Verschmähung, Verachtung, **Aversion**	■ Bedenklichkeit, Furchtsamkeit, Bangigkeit, Besorgnis, Grauen, **Panik**

Abbildung 4

18

Die Abbildungen 4 und 5 geben Ihnen eine Orientierung, welche Gefühle im direkten Zusammenhang zu Ihren Motivationen stehen. Diese Gefühlsauflistung ist intensional aufsteigend dargestellt. Die negativen Extreme erkennen Sie am Fettdruck.

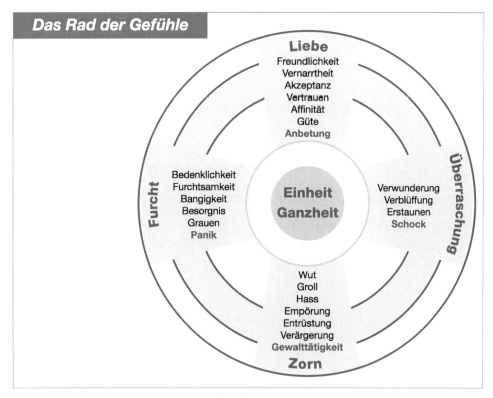

Abbildung 5

Damit Sie konkret an sich arbeiten können, machen Sie bitte folgende kleine Fleißarbeit. Nehmen wir einmal an, Sie sind 33 Jahre alt. Fragen Sie sich, was in 17 Jahren, also wenn Sie 50 sind, sein soll. Welches Lebensziel möchten Sie erreicht haben? Wollen Sie Chef (Chefin, immer wenn ich anschließend das männliche Geschlecht anspreche, schließe ich das weibliche Geschlecht mit ein) eines großen Unternehmens sein? Brauchen Sie viele Mitarbeiter? Frei nach dem Motto: „Viel Indianer, viel Ehr". Wollen Sie Vater sein, also eine Familie gründen? Wollen Sie ein Buch schreiben?

Schreiben Sie Ihre Wunschziele auf. Und zwar ausnahmslos alle. Sie sollten circa 30 Wünsche formulieren und zunächst davon ausgehen, dass grundsätzlich alles realisierbar ist, denn im Grunde lässt sich alles gestalten. Es ist nur eine Frage des Weges und damit eine Frage des Preises, den Sie zu zahlen haben.

Vielleicht bietet Ihnen Konfuzius eine Lösung an, der sagte:

„Der Weg ist das Ziel."

Das will sagen, hüten Sie sich vor dem Ankommen. Es ist möglicherweise besser, unterwegs zu bleiben. Allerdings bedeutet das, dass Sie nie ankommen. Eines jedoch bleibt Ihnen: ein stetiges aktives „Auf dem Weg"-Sein. Für die ganz, ganz großen idealistischen Ziele im Leben ist dies sicher ein anzustrebender Vorgang. Ich empfehle Ihnen einfach, mit ehrgeizigen, nicht ohne Weiteres erreichbaren Zielen anzufangen und dabei unbedingt anzukommen. Das ist Befriedigung, das ist Glücksempfindung, was Sie beim Ankommen empfinden werden.

Versuchen Sie sich an einen Wunsch aus der Vergangenheit zu erinnern. Stellen Sie sich bildhaft einen vor, bei dem Sie das Ziel voll erreicht haben. Welche Bilder hatten Sie über Ihr ursprüngliches Ziel im Kopf? Haben Sie vorgefunden, was Sie erreicht haben? Ist die Wirklichkeit anders als Ihr Wunsch? Wurden Ihre Erwartungen erfüllt? Falls nicht, gehören Sie wohl zur Gattung Mensch.

> *Menschen neigen dazu – und das ist eine Naturfalle –,*
> *noch nicht erreichte Ziele schöner zu malen,*
> *als sie schließlich tatsächlich sind.*

Unsere Vorstellung und die spätere Wirklichkeit stimmen nicht überein, sind nicht identisch. Mit der Zeit jedoch sollte es Ihnen gelingen, vermehrt Übereinstimmungen von Wunsch und Wirklichkeit zu erreichen. Falls das für Sie nicht zutrifft, dann haben Sie wenig aus Ihren Erfahrungen gelernt. Sind Sie noch jung und haben Enttäuschungen erlitten, dann herzlichsten Glückwunsch, denn

„Ent-täuschung" ist das Ende der Täuschung.

Sie kommen voran, es mangelt wohl noch ein wenig an Reife. Zur Reife aber braucht es Zeit, Gelegenheit und Coaching. Stellen Sie sich das Rad der Motive einfach dreidimensional vor. Eine Zeitspirale, in der Ihr Lebensweg nach oben führt. Dabei werden alle Motive nach und nach mehrfach durchlaufen. Das verstehe ich unter dem Weg der Reife.

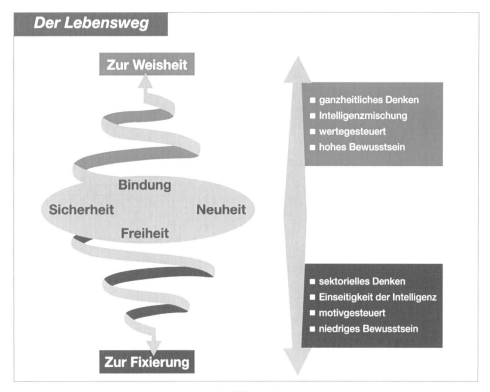

Abbildung 6

Die Erfahrung, Bildung (dies ist nicht zwangsweise Ausbildung), das sich mehrende Wissen führen zur Weisheit, zur Erkenntnis, zur Einsicht in Zusammenhänge und in die Relativität aller Dinge, auch die der eigenen Existenz. Ja, dies kann sogar zur Religion führen. Für intelligente Menschen ist das der normale Verlauf persönlicher Entwicklung. Besonders beeinflusst wird der Erkenntnisgrad davon, inwieweit man eine einigermaßen ausgewogene Intelligenzmischung (Kap. 2.3) besitzt und ob man ganzheitlich oder sektoriell denkt (Kap. 3.8). Sektoriell Denkende bleiben auf dem Weg der Reife stecken. Einseitig intelligente Menschen ebenfalls. Sie werden auf der Spirale der Erkenntnis nicht weit kommen.

> „Voraussetzung für ein irdisches Paradies ist nicht Plackerei, sondern Reife. Reife kann uns niemand schenken; wir müssen sie uns mit unserer Entwicklung erarbeiten. Reife Menschen verwandeln die Erde in ein Paradies. Das irdische Paradies schließt blühende und finanziell gesunde Unternehmen ein. Für die Transformation, die wir zu leisten haben, sind sie wichtiger als Staaten, wichtiger auch als Regierungen. Staaten werden sich überleben.
> Unternehmerisches Blühen und Gedeihen entsteht nicht aus wirtschaftlichem Wachstum, sondern aus menschlichem Wachstum. Die einzige Aufgabe der Unternehmen ist es, Menschen Möglichkeiten zur persönlichen Entwicklung zu verschaffen“.[2]

Mögen Sie diese Anregung lieber in Gedichtform? Dann lesen Sie die fünf Kapitel von Portia Nelson „Zwischen Bewusstsein und Lernen"

I

Ich gehe die Straße hinunter,
Im Bürgersteig ist ein tiefes Loch,
Ich falle hinein.
Ich bin verloren.
Ich bin hilflos.
Mein Fehler war das nicht.
Es dauert eine Ewigkeit, bis ich einen Weg herausfinde.

---

[2] **Wolfgang Berger,** Business Reframing, Gabler Verlag, 1998

II

Ich gehe dieselbe Straße hinunter,
Im Bürgersteig ist ein tiefes Loch,
Ich tue so, als würde ich es nicht sehen.
Ich falle wieder hinein.
Ich kann nicht glauben, dass ich schon wieder reingefallen bin.
Alles ist nicht meine Schuld.
Es dauert immer noch lange, bis ich wieder herausfinde.

III

Ich gehe dieselbe Straße hinunter,
Im Bürgersteig ist ein tiefes Loch.
Ich sehe es.
Ich falle trotzdem hinein.
Es ist eine Gewohnheit.
Meine Augen sind geöffnet.
Ich weiß, wo ich bin.
Es ist meine Schuld.
Ich finde sofort wieder heraus.

IV

Ich gehe dieselbe Straße hinunter,
Im Bürgersteig ist ein tiefes Loch.
Ich gehe darum herum.

V

Ich nehme eine andere Straße.

Schauen Sie nochmals auf Ihre 30 Wünsche, betrachten Sie erneut Ihre Motive und fragen Sie nach dem „Wozu diesen Wunsch?". Was wollen Sie wirklich damit erreichen? Was streben Sie an? Was sagen Ihre Gefühle? Was ist der wirkliche Antrieb, diesen Wunsch realisieren zu wollen?
Wollen Sie noch all Ihre 30 Wünsche realisieren? Wenn Sie gut auf sich gehört haben, wenn Sie zur Quelle Ihrer Motivation vorgestoßen sind, dann haben Sie

jetzt vielleicht noch gerade 15 Wünsche übrig, die Sie verfolgen wollen. Dann machen Sie auch mit diesen 15 weiter. Ob Sie auch wirklich den Preis dafür zahlen wollen, werden Sie später beurteilen können. Zuerst sollten Sie wissen, ob Sie auch können, was Sie wollen.

2.2 Entwicklungsphase, Jugend, Ethik, „Kanniet", Motivemanipulation, Ballastabwurf, Selbstbewusstsein

Woher kommen Sie?
Was ist für Sie wichtig und woran orientieren Sie sich?
Wo soll es hingehen?

Je nachdem, wo der Kern Ihrer persönlichen Fähigkeiten liegt, probierten Sie schon als Kind Verhaltensweisen aus und entwickelten Ihre eigene Haltung. Gehen Sie einmal gedanklich zurück. Wie initiativ waren Sie als Kind in der Gruppe? Haben Sie Konflikte verursacht oder gelöst? Haben Sie oft als Kind zwischen Kameraden geschlichtet? Waren Sie als Kind beliebt und kamen mit jedem aus? Erkannten Sie schon Gefühle anderer und reagierten angemessen? Konnten Sie schon als Kind Vertrauen aufbauen und Verständnis zeigen?

Die *Entwicklungsphase* genbedingter Eigenschaften und Fähigkeiten erstreckt sich bis zum Alter von etwa 20 Lebensjahren. Daher ist Bildung für junge Menschen so unersetzlich. In dieser Zeit entscheidet sich, welche der vielen Möglichkeiten, die in Ihnen stecken, Sie fördern können. Chancengleichheit besteht dabei allerdings nicht. Schon die Zeit Ihrer Geburt und die Umgebung, in der Sie aufwachsen, bestimmen Ihr weiteres Leben, ohne dass Sie selbst darauf Einfluss hätten. Nicht einmal die Ihnen angeborenen Eigenschaften können Sie sich aussuchen, *Fähigkeiten existieren oder nicht.* Ihre Intelligenz ist vorhanden oder nicht.

Ein weit verbreiteter Irrtum ist es zu glauben, dass die Gene der Schlüssel zum Gelingen unserer individuellen Entwicklung wären. Damit sind die Gene verantwortlich für das, was entstanden ist? Was die Gene bereitstellen, ist eine großartige neurologische Grundausstattung. Sie muss aber geformt und geprägt werden, um in einen funktionieren Zustand zu gelangen. Sie muss gepflegt und in Stand gehalten werden. Die Gene geben Ihnen die potenziellen Begabungen. Entscheidend für die kindliche Entwicklungsphase sind die Motivation und die Möglichkeit zur Ausschöpfung. Es ist also viel stärker Ihre soziale Umgebung, die Sie prägt.

Ihre Jugendzeit war wesentlich und zeigt, was Sie aus den angelegten Eigenschaften gemacht haben. Das war Ihre allererste Chance.

Ihre Jugend war (fast) Ihre einzige Möglichkeit, etwas zu entwickeln.

Die wesentlichsten Teile unseres Seins sind mit dem zwanzigsten Lebensjahr entschieden. Unsere mentalen Eigenschaften wie Werteorientierung, Traditionsbindung, Sensibilität sind unwiderruflich verankert. Diese Erkenntnis ist für viele Menschen schmerzhaft und stößt oft auf Ablehnung. Ältere Menschen erinnern sich an die vielen Veränderungen, die sie auch im hohen Alter noch erfahren haben, und verwenden dies als Gegenargument. Jedoch: Nicht Ihre Eigenschaften verändern sich später, sondern Ihr Blick darauf. Sie reifen.

Man sollte in jüngeren Jahren viel experimentieren, viel erleben, viele Fehler machen. Dies hat nichts mit Vergnügen oder Ablenkung zu tun. Es bedeutet nur, Erfahrungen aufzutun, um daraus die richtigen Schlüsse für sich selbst zu ziehen. Für Eltern muss daher der Anspruch gelten, zwischen Fürsorge mit Behütung und Behinderung, wie auch immer gut gemeint, zu unterscheiden.

Was haben Ihnen Ihre Jugenderinnerungen gezeigt? Wie haben Sie die Anfangsfragen für sich beantwortet?

	++	0	--
Wie initiativ waren Sie bei gemeinsamen Spielen?			
Haben Sie Konflikte gelöst?			
Haben Sie oft geschlichtet?			
Waren Sie beliebt, konnten mit jedem spielen?			
Erkannten Sie Gefühle anderer?			
Konnten Sie als Kind Vertrauen aufbauen und Verständnis zeigen?			

Die Antworten geben Ihnen Hinweise darauf, wie Sie als Kind mit Ihren persönlichen Eigenschaften umgegangen sind und welche Sie bereits früh entwickelten. Wenn Sie viel ++ erkannt haben, verfügen Sie über eine hohe emotionale Intelligenz. Dies ist die wichtigste Intelligenz überhaupt, wie Sie später erfahren werden.

Wenn Fähigkeiten schon nicht erlernbar sind, sondern angeboren, genetisch bedingt oder – wenn Sie so wollen – von einer Schöpfung bestimmt, dann sollte es doch kein Problem sein, sich zu den eigenen Schwächen, die logischerweise die gleiche Herkunft hätten, zu bekennen. Haben Sie viele Stärken mitbekommen, dann hebt Sie das nicht hervor, denn auch diese wurden ohne Ihr Zutun angelegt. Kein Grund, eingebildet oder stolz darauf zu sein. Kein Grund, sich erhaben zu fühlen. Wenn das alles so ist, sollte es auch leicht sein, sich Schwächen einzugestehen, ohne sich herabgesetzt zu fühlen.

Die Gestaltung zwischenmenschlicher Beziehungen erfordert Orientierung. Und diese Orientierung kann nur die Ethik leisten. *Ethik ist definiert als die Suche nach einem lebens- und menschenfördernden Verhalten unter Berücksichtigung der menschlichen Wesensart.*

> „Ethik sucht Vernunftgründe für das eigene und fremde Tun. Keine einzige Lösung ist ethisch neutral: „Es ist unmöglich, den Zwang des Handelns zu umgehen. Diese aber steht von zu Hause aus in Zusammenhang mit ethischen Fragen."[3]

Alle anderen Orientierungen, die uns angeboten werden, entspringen der „beschränkten sektoriellen Denke" (Kap. 4.1) und sind fundamentalistisch angelegt. Ethik dagegen setzt „ganzheitliches Denken", das Betrachten und Gewichten mehrerer Aspekte und Werte voraus und ist Grundlage für das Erarbeiten eigener Ethikpositionen.

Wer ganzheitlich denkt, leider ist das eine Minderheit, lebt unter beschränkt sektoriell Denkenden – das heißt unter einer Mehrheit, die die Einseitigkeit von Aspekten und Werten bevorzugt – am Rand. Am Rand zu leben verlangt Stellungnahme und Mut. Ecce Homo, „der Einsiedler", reicht nicht.

---

[3] Ulrich Hemel, Wert und Werte, Hanser Verlag, 2005

Auf dem Weg zur Erfüllung meiner eigenen Lebensträume und mit der kurzen Erfahrung von nur 40 bewussten Jahren komme ich *für mich* zu folgenden Regeln.

- Ich weiß inzwischen, von welchen Werten ich mich leiten lasse.
- Wichtige Entscheidungen treffe ich bewusst.
- Ich habe meine Schwächen akzeptiert und zeige sie.
- Menschen, die anders sind als ich, sind eine Bereicherung.
- Ich nehme mir die Freiheit und Unabhängigkeit, mich freiwillig zu binden.
- Ich vergeude keine Zeit an: Opportunisten, Gefühlsarme und Menschen mit elitärem Gehabe.
- Ich versuche, eine Ausgewogenheit zwischen Gesundheit, Finanzen, emotionalen Beziehungen, Sinn und meinem persönlichen Wertesystem herzustellen.

Für mich ist das ein hoher Anspruch, dem ich nicht immer meinen eigenen Vorstellungen gemäß gerecht werde. Aber immerhin: Ich habe meine Ansprüche und ich halte mich an *Fernando Pessoa,* der sagte:

> *Das Vollkommene ist unmenschlich,*
> *denn das Menschliche ist unvollkommen.*

Als Jugendlicher war das noch ein wenig anders. Meine Eltern forderten mich mit dem Spruch heraus:

> *Kanniet ligt op het kerkhof en Wilniet ligt er naast.*
> *(„Geht nicht" liegt auf dem Friedhof, und „Will nicht" liegt daneben.)*

So habe ich oft wirklich versucht zu können und „Will nicht" dabei überwunden. Später wurde mir klar, dass es manchmal besser ist, nicht zu wollen, obwohl es gegangen wäre. Heute denke ich, dass hier Darwins Vorstellung vom Überleben der Tüchtigsten gewirkt hat. Es war wohl die Annahme, dass die Welt ein Ort sei, der auf der Grundlage eines Kampfes von jedem gegen jeden aufgebaut sei. Die Konkurrenz schlagen – das wurde gleichgesetzt mit

Gewinnen im Leben und mit allem, was gut und nützlich für das Individuum wäre. Kämpfen muss man können, das alleine aber reicht nun wirklich nicht.

Wenn uns die Natur schon einige besondere Fähigkeiten mitgegeben hat, so dürfen wir aber die Augen nicht vor der Frage verschließen, ob die Motivationen, die uns dabei vorwärtstreiben, wirklich unsere eigenen sind, oder ob uns „Rattenfänger" manipuliert haben.

Motivmanipulierte Menschen laufen von alleine,
sind jedoch nicht länger selbstbestimmt.

Ein böses Thema. Unterbinden Sie alle Manipulationen, sofort, wenn Sie sie entdecken. *Sie müssen eigene Wege gehen und dafür eigene Gründe haben.* Trennen Sie sich von Manipulatoren, denn es ist *Ihre* Aufgabe, *Ihr* Leben nach *Ihren* Vorstellungen – natürlich auch in voller Verantwortung – zu formen. Ihre Lebensgestaltung können und dürfen Sie anderen nicht überlassen. Eigenständigkeit bedeutet auch, eine autonome Quelle des Handelns zu sein. Das Individuum handelt aus eigenem Antrieb.

Versuchen Sie vielleicht immer noch nach den Instruktionen und Geboten Ihrer vielen „Erzieher" zu leben? Dann bedenken Sie, dass Sie in der Jugend viele Kopien von Prinzipien und Verhaltensweisen damaliger Respektspersonen angelegt haben. Einige davon passen heute nicht mehr zu Ihnen, zu Ihrer Überzeugung und zu Ihrem Lebensstil. Was in der Herkunftsumgebung ein optimales Verhalten war, kann auch später noch gut passen, tut es aber meistens nicht. Wir alle sind beschädigte Kinder. Damit haben auch Sie eine Hypothek für das weitere Leben – es sei denn, Sie bewältigen sie.

Finden Sie heraus, ob noch Störgrößen vorhanden sind, und erkennen Sie Ihre hinderlichen Kopien aus dem Elternhaus, der Jugendgemeinschaft, aus Religion und Kirche, aus Ihrer sozialen Schicht, aus Ihrer Zeit. Immer dann, wenn Sie sich nicht ganz wohl fühlen, sollten Sie, für sich alleine, der Sache auf den Grund gehen. Erkennen Sie den Anlass des Unwohlseins. Sie werden ihn finden.

Werfen Sie Ballast über Bord.

Dies ist einfach gesagt, aber anspruchsvoll in der Durchführung.

„Ihr Autopilot entwickelt ein nahezu zwanghaftes Bestreben, konsistent zu sein oder zu erscheinen, d. h. in Übereinstimmung mit Ihrem früheren Verhalten zu handeln. Im Prinzip ist das eine Erleichterung für den Umgang mit der Komplexität unseres modernen Lebens. Haben wir uns einmal über eine Sache eine Meinung gebildet, verschafft uns sture Konsistenz einen sehr angenehmen Luxus: Wir können die Angelegenheit abhaken. Wir müssen keine geistigen Energien mehr für das Abwägen von Für und Wider aufbringen. Einmal getroffene Entscheidungen (auch falsche) tendieren dazu, sich selbst aufrechtzuerhalten."[4]

Dementsprechend sollten Sie nicht nur Ihr Bewusstsein für das Erkennen von Motivationen schärfen. Sie sollten ebenfalls Ihr Verhalten dahingehend überprüfen, ob es mit Ihren Vorstellungen von Moral und Ethik übereinstimmt. Werden Sie sich bewusst, wie Sie sich fühlen, wenn Sie Ihr eigenes Verhalten beobachten. Fühlen Sie sich immer noch gut oder wird Ihnen manchmal mulmig zu Mute? Wenn Ihr Gewissen sich meldet, dann fragen Sie, warum. Ist es Ihr Gewissen, gebildet nach den eigenen Maßstäben, oder lebt da noch etwas Überflüssiges aus Ihrer Vergangenheit?

Alle der ursprünglich 30 Lebensträume aus Kapitel 1, auch wenn Sie bereits 15 ausgewählt haben, sollten Sie sich nochmals vornehmen. Wenn Sie jetzt genauer wissen, was Sie sich bei der Erreichung des Ziels vorgestellt haben, wenn Sie wissen, welche Gefühle Sie dabei empfinden würden, fällt es Ihnen leicht, eine negative Auswahl zu treffen. Werfen Sie alle Ziele weg, bei denen Sie manipuliert worden sind. Werfen Sie auch alle weg, die nicht Ihren ethischen Ansprüchen genügen. Trennen Sie sich von „fremden" Zielen aus Ihrer Erziehung. Erkennen Sie, an welcher Stelle Ihnen die Natur eine „automatische Wirkung" eingepflanzt hat. Gehen Sie verantwortungsvoll mit Ihren Motiven und Ihrem Verhalten um. Schärfen Sie Ihr Bewusstsein.

---

[4] **Robert B. Cialdini,** Die Psychologie des Überzeugens, Huber Verlag, 2004

Je nach Persönlichkeit haben Sie jetzt wohl „nur" noch etwa 5 Lebensträume. Schauen Sie nochmals genau hin, warum Sie die 25 Ziele verworfen haben. Sie müssten sich selbst jetzt viel klarer sehen können.

Haben Sie immer noch 15, dann wiederholen Sie die Auslese. Am einfachsten ist es natürlich, Sie nehmen Ihre Natur so, wie sie ist. Schließlich sind Sie dafür nicht verantwortlich und handeln Ihren Trieben gemäß. Noch besser ist es, Sie werfen auch alle Werte über Bord, dann plagt Sie kein Gewissen mehr. Noch einfacher: Pfeifen Sie auf Ethik und Moral. Machen Sie es wie die Tiere.

Aber: Wollen Sie ein Mensch sein, dann müssen Sie Ihr Leben als eigenständiges Wesen verantworten, in dem Selbst-Bewusstsein, mit welchen Rollenmodellen und anthropologischen Grundsätzen Sie leben mit dem Wissen an welchen Stellen Sie empfindlich und verführbar sind. Ihr Verhalten muss sich ausrichten, am besten nach den Werten, der Moral und Ethik, die Sie aktiv überdacht in Ihr Leben eingebaut haben.

Hier einige zusätzliche, womöglich hilfreiche anspruchsvolle Anregungen:
- Ich mische mich überall dort ein, wo Menschen gedemütigt, herabgesetzt und diskriminiert werden.
- Was ich selbst nicht bereit bin zu leisten, werde ich von anderen auch nicht erwarten.
- Ich will wahrhaftig, treu und ehrlich sein.
- Ich suche für mich jenes Unternehmen, das Zielklarheit, gute Zukunftsaussichten und Arbeitsatmosphäre zu kombinieren weiß. Meine ethischen Grundsätze dürfen dabei nicht verletzt werden.[5]

Wenn das zu schwierig ist: Animalisch geht es auch ...

---

[5]   Ulrich Hemel, Wert und Werte, Hanser Verlag, 2005

2.3 Ausgewogene Persönlichkeit, Filter, Unterbewusstsein, fixiert, IQ, Intelligenz, Kompetenzrad, Selbstbild, Vermögen, Profil, Karriere, Verantwortung

Wo sind Sie kompetent und fähig?
Wo sind Sie stark? Wie nutzen Sie das?

Wie konnten Sie sich bis heute entwickeln? Was sind Sie geworden? Welchen Beruf üben Sie aus? Sind Sie der Vermittler? Als Diplomat oder Großhändler? Vielleicht der Partner? Als Berater, Lehrer, Ehemann oder Freund? Möglicherweise der Entdecker, im Beruf eines Therapeuten oder Wissenschaftler oder vielleicht Coach? Der Kreative als Schriftsteller oder Entwickler?

Oder doch:

Der Leader? Der Bedürfnisse anderer erkennt? Der eine größere Zahl von Menschen initiiert und koordiniert? Oder ein Manager, der kontrolliert?

Es ist sehr wahrscheinlich, dass Sie die Eigenschaften, die Sie in Ihrer Jugendzeit zu Ihrer Stärke entwickelt haben, später in Ihrem beruflichen Werdegang nutzten. Nur Menschen, die auf Misserfolge aus sind, begeben sich in Gebiete, in denen sie schwach sind, und verlieren dort.

Menschen wollen Erfolg, denn Erfolg motiviert und gibt Befriedigung.

Dazu müssen Sie eine halbwegs ausgewogene Persönlichkeit sein.
An Ihrem Verhalten erkennen Sie, ob Sie eine ausgewogene, in sich ruhende Persönlichkeit oder ein fixierter Mensch sind.

Integrative Persönlichkeiten beherrschen den Umgang mit ihren Gefühlen und setzen sie zur Erfüllung eigener Ziele ein. Gefühle veranlassen zur Tat und beeinflussen das Verhalten oft stärker als Ethik und Moral.

Die Ausdrucksformen einer ausgewogenen, integrativen Persönlichkeit zeigt Abbildung 7.[6]

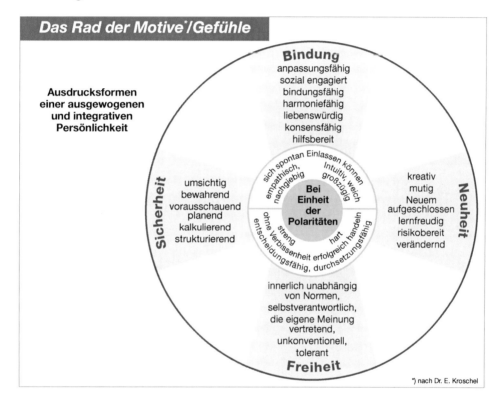

Abbildung 7

Menschen handeln auf Basis von Informationen, die zur Verfügung stehen. Allerdings ist das Gehirn dabei ganz schön überfordert. Es wird mit ca. 11 Mio. Informationen pro Sekunde aus der Umwelt überflutet. Ein Teil geht direkt in

---

[6]   Evelyn Kroschel: ekl-edition, 2008

das Gehirn und wird verarbeitet und ein Teil wird spezifisch gefiltert, wie das Abbildung 8 zeigt.

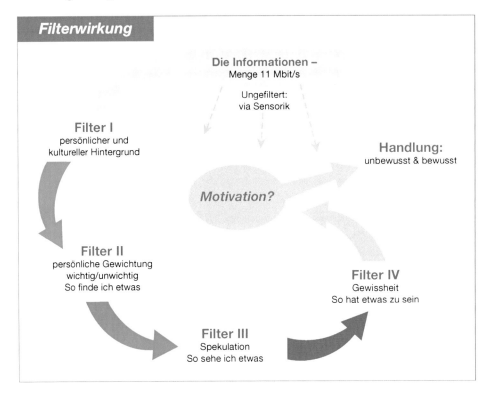

Abbildung 8

All diese Filter haben mit unserer Umgebung zu tun. Dies ist der soziale Einfluss, dem Sie besonders in der Kindheit unterworfen sind. Sie sind sich – auch als Erwachsene – nur sehr beschränkt darüber im Klaren, dass Sie diese Filter haben. Noch weniger ist Ihnen klar, welche automatischen Wirkungen daraus entstehen. Sie ahnen manchmal eine Diskrepanz zwischen Handlungen und Ihren versteckten Gefühlen. Es entstehen dann Probleme durch das Bedürfnis, Recht haben zu wollen. Die Stabilität Ihres Weltbildes nämlich hängt davon ab, ob Sie Ihre Annahmen als Fakten ansehen. Daher neigen Sie dazu, alle Daten und Ideen, die von Ihren abweichen, als „falsch" zu beurteilen. Dass ein neues

Weltbild entsteht, macht Ihnen Unbehagen. Sie wollen offenbar weiterhin die Kontrolle behalten und an Ihrer Überzeugung festhalten.

Versuchen Sie Ihr Urteil zunächst „offen zu halten". Leisten Sie sich keine Schublade, keine Vorurteile. Bemühen Sie sich wenigstens dann, wenn Sie ein unbehagliches Gefühl bei sich feststellen, denn ganz werden die Schubladen nicht verschwinden. Versuchen Sie ausgewogen zu bleiben. Seien Sie froh, wenn Sie gemäß Abbildung 9 zum Durchschnitt gehören.

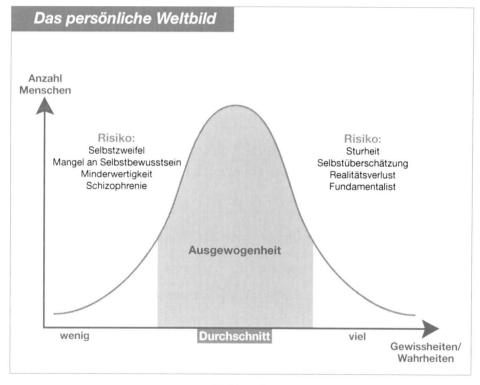

Abbildung 9

Ob Sie im Durchschnitt bleiben können, hängt auch später stark davon ab, ob Sie sich selbst infrage stellen können. Ob Sie fähig sind, Signale von außerhalb aufzunehmen und darüber zu reflektieren. Ob Sie fähig sind, Ihre manchmal mulmigen Gefühle, Ihr Unwohlsein in gewissen Situationen zu erkunden. Es braucht dazu ein Bewusstsein und einen ahnenden Zugang zu Ihrem Unterbewusstsein. Ich wünsche Ihnen, dass Sie den Kampf zwischen Wertebewusstsein und Selbstüberschätzung gewinnen.

Je unbewusster die Menschen sind, desto häufiger findet sich *pure Motiv-Steuerung* bei den Betroffenen. *Werte-Steuerung*, die integrativen Persönlichkeiten zu eigen ist, setzt Bildung und Bewusstsein voraus. Diese Persönlichkeiten haben ihre Erfahrungen genutzt und Lehren aus vergangenen Situationen gezogen. Sie haben verarbeitet und gelernt. Solche Menschen sind „rund", ja sogar später weise geworden.

Hier liegt die Chance für die Jahre nach Ihrem zwanzigsten Lebensjahr.

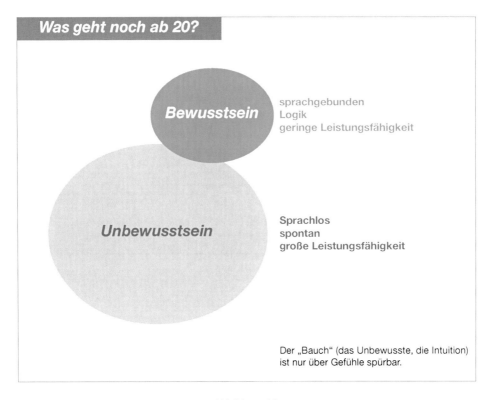

Abbildung 10

„Lernen vermittelt Wissen. Das ist nicht viel wert, weil es ohnehin schnell veraltet. Erfahrung vermittelt Erkenntnis. Ist die Erfahrung tief und eindringlich, hält die Erkenntnis ewig. Ist sie nicht tief und eindringlich genug, stehen uns weitere Erfahrungen bevor – bis wir erkannt haben, was wir erkennen sollen. Der Sinn unseres Lebens ist, dass wir uns entwickeln, innerlich wachsen, reifen und Erkenntnisse erlangen, die auf der Festplatte unserer Seele für immer gespeichert bleiben."[7]

Je komplexer die Entscheidung ist, die Sie zu treffen haben, umso mehr sollten Sie versuchen Ihr Unterbewusstsein zu befragen. Verlassen Sie sich auf Ihr Unterbewusstsein, da es leistungsfähiger als Ihr Bewusstsein ist, wie das Abbildung 10 zeigt.

Diese Empfehlung gilt besonders, wenn Sie schon älter sind und über die notwendige Erfahrung verfügen. Auch der „Bauch" ist eine Art Muskel, der sich entwickeln muss, deshalb haben wohl ältere Männer Bäuche und Frauen Röllchen. Dies allein reicht jedoch auch nicht, denn die Erfahrung ist Vergangenheit und auf eine neue Situation nicht immer ohne Reflexion zu übertragen.

Jene Menschen, die jedoch auf einem Pol verharren und nicht zwischen mehreren schwingen können, sind fixiert. Sie bleiben auf dem Weg der Reife stecken. Menschen, die von starren Motiven verzehrt werden, haben die Kontrolle über sich verloren.

Fixierte Motive sind in Abbildung 11 dargestellt.[8]

Meiden Sie fixierte Personen, denn sie werden keinen positiven Beitrag für Ihr Leben leisten können. Falls Sie selbst fixiert sein sollten, lassen Sie sich fachkundig helfen und starten auf der Spirale neu.

Sie sollten gut wissen, wie es um Ihre Intelligenz bestellt ist. *Nein, Ihr Intelligenz-Koeffizient ist nicht interessant.* Es ist praktisch irrelevant, ob Ihnen diese

---

[7]   **Wolfgang Berger,** Business Reframing, Gabler Verlag, 1998
[8]   **Evelyn Kroschel:** ekl-edition, 2008

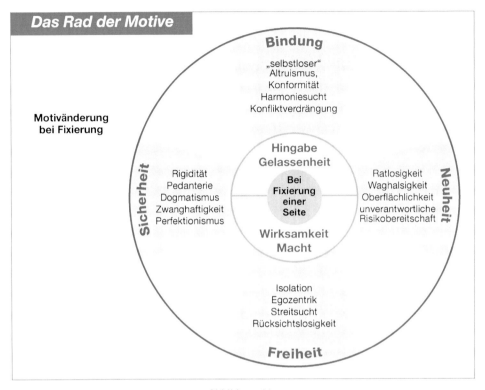

Das Rad der Motive

Bindung

„selbstloser"
Altruismus,
Konformität
Harmoniesucht
Konfliktverdrängung

Motivänderung
bei Fixierung

Hingabe
Gelassenheit

Sicherheit

Rigidität
Pedanterie
Dogmatismus
Zwanghaftigkeit
Perfektionismus

Bei
Fixierung
einer
Seite

Ratlosigkeit
Waghalsigkeit
Oberflächlichkeit
unverantwortliche
Risikobereitschaft

Neuheit

Wirksamkeit
Macht

Isolation
Egozentrik
Streitsucht
Rücksichtslosigkeit

Freiheit

Abbildung 11

Messmethode einen Wert von 110 oder 130 bescheinigt. Über Ihre tatsächliche Intelligenz sagt es nichts aus. Die IQ-Methode ist lediglich ein Modell, *eingeschränkte* Begabung zu messen. Der durchschnittliche IQ-Wert vor einigen hundert Jahren soll ca. 70 gewesen sein. Also an der Grenze zum Schwachsinn. Na ja! Seit dieser Zeit ist der Wert alle 10 Jahre um 4 Punkte gestiegen und müsste heute bei ca. 110 liegen oder im Jahr 2100 bei 150. Also hätten wir dann künftig lauter kleine Genies. Tatsache ist, dass der heutige Mittelwert bei ca. 99 liegt, was mit der schlampigen Lebensführung mit Drogen wie Alkohol und der hohen Bequemlichkeit begründet wird. Sollte die Menschheit sich doch zurückentwickeln? Wäre das vielleicht auch eine Chance?

Haben Sie dagegen eine hohe Punktzahl erreicht, ist das noch lange keine Erklärung für Ihre Erfolge und auch nicht der Grund Ihres Glücksempfindens.

Stehen Sie auf der Punkteskala weiter unten, so ist dies nicht die Ursache Ihres Versagens und Ihrer Unzufriedenheit. Sind Sie erfolgreich und ausgeglichen, dann haben Sie nicht einfach nur Glück gehabt, nein Sie *sind* intelligent.

Intelligenz erkennt man nämlich daran, dass durch problemlösendes Verhalten neuartige Situationen bewältigt werden. Da die Situationen im Leben sehr unterschiedlich sind, bedarf es daher unterschiedlicher Arten der Intelligenz. Die einseitige Erwartung, dass ein hoher IQ auch Lebenserfolge verspricht, wurde mehrfach widerlegt. Untersuchungen bei Menschen mit einem Intelligenzquotienten von größer 135 zeigten, dass sie im Durchschnitt nicht erfolgreicher waren als Menschen mit einem geringeren IQ. Es sind also andere Arten von Intelligenz entscheidend. Die wichtige Frage hierbei ist die nach der Art Ihrer Intelligenz.

In welcher Hinsicht Sie intelligent sind, können Sie an Abbildung 12 testen.

Wo sind Sie intelligent?

	++	O	--
Mathematisch-logische Intelligenz			
Praktische Intelligenz			
Verbale Intelligenz			
Räumliche Intelligenz			
Kinästhetische Intelligenz (körperliche Beweglichkeit)			
Musikalische Intelligenz			
Interpersonale Intelligenz (Erkennen von Stimmungen, Motivationen, Wünschen anderer Menschen)			
Intrapsychische Intelligenz (Die Kunst, ein wahrheitsgemäßes Selbstbild inklusive Zugang zu eigenen Gefühlen und Fähigkeiten zu erstellen).			

Abbildung 12

Die persönliche Intelligenz beinhaltet den emotionalen Bereich. Hier wird beantwortet, ob Sie emotional intelligent sind. Eine Intelligenz, die Sie nur entwickeln konnten, wenn bei Ihnen eine emotionale Tiefe vorhanden ist. Sind Sie emotional oberflächlich, dann sind Sie hier nicht besonders intelligent. Prüfen Sie vertieft Ihre emotionale (soziale) Intelligenz anhand Abbildung 13.

Sind Sie emotional (sozial) intelligent?

	++	0	--
Eigene Emotionen kennen (Erkennen eines Gefühls, während es auftritt)			
Emotionen handhaben (Gefühle so handhaben, dass die Reaktion angemessen ist)			
Emotionen in die Tat umsetzen (Gefühle in den Dienst eines Ziels stellen. „Flow", Aufmerksamkeit, Selbstmotivation, Kreativität ...)			
Empathie (Wissen, was andere fühlen)			
Umgang mit Beziehungen (Mit Emotionen anderer umgehen)			

Abbildung 13

Wie fühlen Sie sich bei der Beantwortung dieser Fragen? Wissen Sie jetzt genauer, wo Ihre „Intelligenzstärken" liegen? Sollten Sie schon über 30 sein, dann versuchen Sie erst gar nicht, sich einzureden, eine oder mehrere „Stärken" seien noch ausbaufähig. Die Entwicklung Ihrer Struktur ist abgeschlossen.

Sie müssen jetzt mit dem auskommen, was Sie haben.

Sie müssen den Rest Ihres Lebens mit den Pfunden wuchern, die Sie bereits entwickelt haben. *Dort, wo Sie stark entwickelt sind, bleiben Sie stark.* Dort, wo Sie heute schwach entwickelt sind, bleiben Sie schwach.

Wenn Beruf auch etwas mit Wettbewerb zu tun hat und Erfolge befriedigen, dann sollten Sie sich auch hier auf Ihre Stärken besinnen und mit diesen Fähigkeiten versuchen, Ihr Leben zu gestalten. Genauso gehört es zu den Stärken, seine Schwächen zu akzeptieren. Suchen Sie sich Partner, die dort stark sind, wo Sie sich schwach fühlen.

Um die Frage „Wer bin ich" besser beantworten zu können, sollten Sie sich mit Ihren Kompetenzen, Fähigkeiten und Eigenschaften beschäftigen. Siehe Abbildung 14:

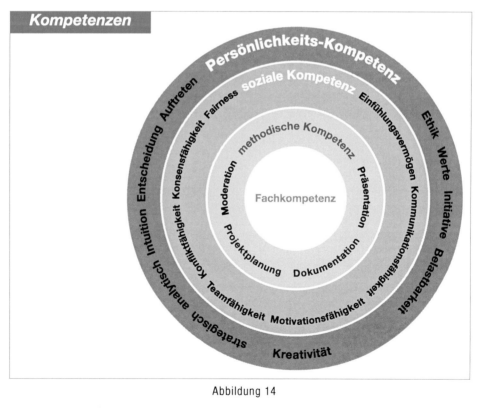

Abbildung 14

In der Mitte stehen die Fachkompetenzen, die zu jedem Beruf gehören. Möchten Sie Schreiner werden, so müssen Sie sich mit den Eigenschaften von Holz auskennen, lernen, mit einem Hobel umzugehen. Wenn Sie Anwalt werden wollen, müssen Sie sich nicht nur mit dem BGB auskennen. Ist Elektriker Ihr Traumziel, dann geht kein Weg daran vorbei, das Ohm'sche Gesetz zu verinnerlichen. All dies ist erlernbar.

Es gibt keine Fachkompetenz, die nicht in jedem Alter erlernbar wäre.

Alles, was Sie dazu brauchen, ist ein halbwegs funktionierendes Gehirn, etwas Zeit und vor allem den Willen, sich dieses Wissen oder diese Fähigkeit anzueignen. Ihre Prioritäten hierbei müssen klar gesetzt sein, Sie dürfen sich nicht abhalten lassen, ihnen auch zu folgen. Manche von uns schaffen das etwas schneller – hier hilft zum Beispiel ein hoher IQ –, andere brauchen etwas mehr Zeit. Diejenigen, die es nicht schaffen und gesund sind – an Körper und Seele – wollten wohl lieber ausgehen und sich vergnügen. Auf jeden Fall waren die Prioritäten nicht auf die Kompetenzerweiterung ausgerichtet und somit auch nicht auf den Erfolg.

Mein Kommentar dazu – soweit Sie gesund sind – ist folgender: Lernen Sie die nötige Fachkompetenz, um Ihr Berufswunschziel zu realisieren. Falls Sie dies nicht schaffen sollten, liegt es keineswegs an Schule, Gesellschaft oder Intelligenz, sondern Sie persönlich haben einfach nicht gewollt. Es war zu mühevoll, Sie wollten den Preis nicht zahlen! Sie können nun mal nicht das Nachtleben genießen und gleichzeitig in kürzester Zeit eine Fachkompetenz erlangen. Aber ohne diese Kompetenzen ist kein beruflicher Werdegang in Sicht. Selbst in besonderen Branchen wie Schauspielerei, Popmusik oder Leistungssport brauchen Sie Rüstzeug, um erfolgreich zu sein. Handwerkliche Fähigkeiten sind nötig; Fachkompetenz ist unentbehrlich.

Sind Ihnen die von Ihrem Beruf geforderten Fachkompetenzen bewusst? Verwenden Sie die folgende Abbildung 15, um die wichtigsten Fachkompetenzen Ihres angestrebten oder ausgeübten Berufes aufzulisten. Vergessen Sie dabei nicht eine Fachkompetenz, die auch zukunftssichernde Kompetenzen beinhaltet.

Fachkompetenz

Was sind für Sie im Moment die bedeutendsten fachlichen Anforderungen?	++	0	--
1.			
2.			
3.			
4.			
5.			

Handlungsbedarf?	ja ☐ nein ☐
Entscheidung:	bis:

Abbildung 15

Zum Erfolg ist mehr erforderlich als nur Fachwissen. Methodische Kompetenz beispielsweise ist unentbehrlich. Auch sie ist jederzeit erlernbar, Hilfsmittel und Methoden sind anzuwenden. Beim Hausbau genügt es nicht, wenn Sie über Fachwissen verfügen, wie Mauern gebaut werden. Das Projekt als solches will geplant werden, eine gewisse Arbeitsreihenfolge sollte eingehalten werden. Bauen Sie ein Haus, mag es noch leicht einzusehen sein, dass Sie mit dem Fundament anfangen müssen, dann den Rohbau fertig stellen und anschließend an den Innenausbau gehen, der im Detail zu planen ist.

Der Mensch lernt auch im Beruf, die zugehörigen Abläufe zu durchdenken, Zeiten und Kosten zu kalkulieren, bevor er mit der Umsetzung beginnt. Er ist es gewohnt zu managen. Wir alle sind Manager, bei allem was wir tun. Manche von uns sind gute Manager, sie erreichen ihre Ziele planmäßig. Andere sind weniger gute Manager, weil Planung und Wirklichkeit nicht übereinstimmen. Gute Manager wenden

Methodische Kompetenz

Was sind für Sie die fünf bedeutendsten Methoden/Tools, die Sie anwenden müssten?	++	0	--
1.			
2.			
3.			
4.			
5.			

Handlungsbedarf?　　　　　　ja ☐　nein ☐

Entscheidung:　　　　　　bis: | | | | | | | |

Abbildung 16

verfügbare Hilfsmittel konsequent an und verfolgen die Teilergebnisse. Wenn Sie also schwach in der methodischen Kompetenz sind, liegt das nicht an Ihrer Umgebung, sondern an Ihnen selbst. Sie haben nicht gewollt. Sie haben Ihre Prioritäten anders definiert und die Zeit, um Methoden zu lernen, nicht aufgebracht.

Wenn Sie jung sind, dürfen Sie sich auch mal irren. Eventuell sind Sie einer Fehleinschätzung aufgesessen. Wenn sich dies jedoch häuft, liegt es nur an Ihrer Prioritätensetzung, auf keinen Fall an den Umständen oder an den anderen. Sie haben einfach nicht wirklich gewollt. Das Thema war Ihnen nicht wichtig genug. Immerhin sind Sie für Ihre Ergebnisse voll eigenverantwortlich. Nur Ihnen gehört der Erfolg, und ausschließlich Ihnen gehört auch ein möglicher Misserfolg.

Nachdem Sie für sich die Fragen in den Abbildungen 15/16 nach den fachlichen und den methodischen Kompetenzen hoffentich ehrlich beantwortet haben, stellen Sie fest, ob Sie Handlungsbedarf haben. Vielleicht gehen Sie dabei auch von der Perspektive Ihres Traumjobs aus, den Sie demnächst ausüben möchten.

Wenn Sie keinerlei Handlungsbedarf bei sich sehen, sind Sie entweder ein Spitzenleister oder ein Selbstbetrüger. Wahrscheinlich wissen Sie selbst am besten, in welcher Richtung Sie sich demnächst weiterbilden müssen. Dann treffen Sie jetzt Entscheidungen, wann Sie was tun werden. Schreiben Sie es auf, und machen Sie sich an die Umsetzung.

Kommen wir zur sozialen Kompetenz zurück. Sind Sie konfliktfähig? Wie steht es mit Ihrer Teamfähigkeit? Können Sie gut kommunizieren?
Beantworten Sie in der Selbsteinschätzung folgende vereinfachte Fragen über sich selbst. Machen Sie dies schriftlich.

Soziale Kompetenz

1. Sensibles Einfühlen und Handeln	++	0	--
1.1 Sie hören zu			
1.2 Sie widersprechen nicht sofort			
1.3 Sie gehen auf Probleme anderer ein			
1.4 Sie können Nichtgesagtes spüren und reagieren angemessen			
1.5 Sie stellen andere nicht bloß und beschämen sie nicht			
1.6 Sie verletzen Gefühle anderer nicht			
1.7 Sie stellen sich selbst nicht immer in den Mittelpunkt			

Abbildung 17

Soziale Kompetenz

2. Kommunikationsfähigkeit	++	0	--
2.1 Sie gehen auf andere ein			
2.2 Sie lassen ausreden			
2.3 Sie bemühen sich wirklich, andere zu verstehen			
2.4 Sie können sich verständlich machen			
2.5 Sie können Gefühle ausdrücken			

Abbildungen 18 / 19

Soziale Kompetenz

3. Motivationsfähigkeit	++	0	--
3.1 Sie erkennen Leistung an und loben			
3.2 Sie suchen bei Fehlern nicht nach Schuldigen, sondern bieten Hilfe an			
3.3 Sie stellen sich bei unberechtigter Kritik vor einen			
3.4 Sie geben Unterstützung und Rückenstärkung			
3.5 Sie stellen herausfordernde und zugleich erreichbare Ziele			
3.6 Sie geben Handlungsspielraum			
3.7 Sie können für Ziele und Aufgaben begeistern			
3.8 Sie können Erfolg teilen			
3.9 Sie fördern die Eigeninitiative			

Soziale Kompetenz

4. Teamfähigkeit	++	0	--
4.1 Sie informieren umfassend und schnell			
4.2 Sie nehmen sich Zeit für andere			
4.3 Sie behandeln andere respektvoll			
4.4 Sie sprechen offen mit Dritten über Stärken und Schwächen			
4.5 Sie sagen deutlich Ihre Erwartungen			
4.6 Sie helfen bei der Qualifikation für neue Aufgaben			
4.7 Sie treffen klare Zielvereinbarungen			
4.8 Sie geben Fachwissen weiter			
4.9 Sie sind da, wenn Sie von anderen gebraucht werden			

Abbildungen 20 / 21

Soziale Kompetenz

5. Konfliktfähigkeit	++	0	--
5.1 Sie kehren Konflikte nicht unter den Teppich			
5.2 Sie stehen zu Ihrer Meinung			
5.3 Sie akzeptieren andere Meinungen und hören sich auch Unangenehmes an			
5.4 Sie können im Konfliktfall mit Gefühlen umgehen			
5.5 Sie kränken nicht und nutzen Schwächen anderer nicht aus			
5.6 Sie drohen und erpressen nicht			
5.7 Sie reden nicht um den heißen Brei herum und sprechen auch Unangenehmes aus			
5.8 Sie wärmen alte Geschichten nicht auf			

6. Konsensfähigkeit	++	0	--
6.1 Sie können andere Standpunkte nachvollziehen			
6.2 Sie gehen auf Argumente ein und überdenken Ihre Meinung			
6.3 Sie können eigene Standpunkte aufgeben			
6.4 Sie tragen gemeinsame Entscheidungen aktiv mit			
6.5 Sie haben ein Gespür für die Wichtigkeit von Argumenten			

Abbildungen 22 / 23

7. Fairness miteinander	++	0	--
7.1 Sie verhalten sich nicht nach dem Motto „Oben sticht Unten"			
7.2 Sie werden gegenüber Dritten nicht ausfallend und persönlich verletzend			
7.3 Sie behandeln Dritte gerecht und fair			
7.4 Sie nutzten Schwächen anderer nicht aus			
7.5 Sie verbreiten keine Gerüchte			
7.6 Sie reden nicht negativ über andere, vor allem nicht wenn diejenigen nicht dabei sind			
7.7 Sie vertrauen Dritten			

Na schön, Sie haben sich jetzt ein Bild gemacht. Ein Selbstbild.

Sie wären kein Mensch,
wenn Sie Ihre starken Fähigkeiten nicht noch stärker,
Ihre schwachen Fähigkeiten dagegen positiver beurteilen würden,
als sie in Wirklichkeit sind.

Wir sind mit uns selbst längst nicht so konsequent wie in unserem Urteil über andere. Das heißt, die Menschen, die uns umgeben und mit uns viel zu tun haben, schätzen uns anders ein. Im Normalfall sieht unsere Umgebung uns tatsächlich genauer als wir uns selbst. Schließlich können wir uns ja auch nur von innen betrachten. Wir erfassen die Signale unserer Augen, unserer Körperhaltung, unserer Stimme nicht wirklichkeitsgetreu. Unser Umfeld gibt uns da ein realeres Bild, vorausgesetzt es ist nicht manipuliert. Bedienen Sie sich Ihrer Umgebung: Machen Sie eine Rundumfrage. Fragen Sie Ihren Vorgesetzten, Ihre Kollegen, Mitarbeiter, Ihre Frau und Ihre Kinder. Dann legen Sie all diese Beurteilungen übereinander. Abbildung 24 zeigt ein Beispiel. Blau hinterlegt ist die Selbsteinschätzung, die Striche sind Aussagen der Einzelabfragen. Hier sehen Sie ein reales Beispiel mit beachtlichem Handlungsbedarf.

Wieso entstehen in der Selbst- und Fremdeinschätzung solche Diskrepanzen? Für junge Menschen mag ja noch der Mangel an Erfahrung ein akzeptablerer Grund sein. Viele ältere Menschen aber tun sich ebenfalls schwer, die von außen erfolgte Bewertung ernst zu nehmen: Es gilt oft nur die eigene Sicht. Die andere Sicht wird ignoriert. Dies führt bei den betroffenen Personen schließlich zur Realitätsfremdheit. Glauben Sie nicht voreilig, „das passiert mir nicht".

Warum sind ausgerechnet erfahrene Menschen hier gefährdet? Es sind besonders jene Menschen, die kaum einen Zugang zu ihren eigenen Emotionen haben, also hier dumm sind. Auch ohne erkennbare Krankheit schützt uns nämlich das Gedächtnis in gewisser Weise. Jedoch ist der Preis dafür ein Leben in einem Stück irrealer Welt.

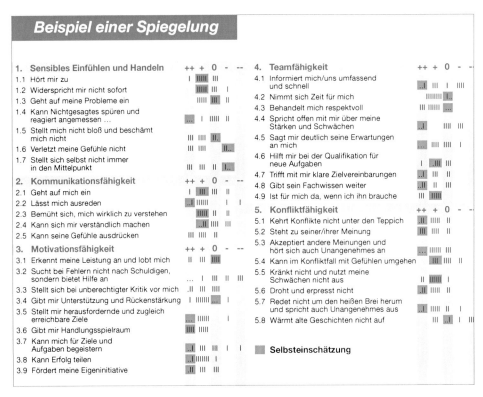

Beispiel einer Spiegelung

1. Sensibles Einfühlen und Handeln	++ + 0 – – –
1.1 Hört mir zu	I IIII III
1.2 Widerspricht mir nicht sofort	IIII III I
1.3 Geht auf meine Probleme ein	IIII III II
1.4 Kann Nichtgesagtes spüren und reagiert angemessen …	… I IIII II
1.5 Stellt mich nicht bloß und beschämt mich nicht	III IIII II.
1.6 Verletzt meine Gefühle nicht	III IIII II..
1.7 Stellt sich selbst nicht immer in den Mittelpunkt	III III II I.

2. Kommunikationsfähigkeit	++ + 0 – – –
2.1 Geht auf mich ein	I III III II
2.2 Lässt mich ausreden	..I IIIII I I
2.3 Bemüht sich, mich wirklich zu verstehen	IIII II II
2.4 Kann mir verständlich machen	..II IIII III
2.5 Kann seine Gefühle ausdrücken	III IIII II

3. Motivationsfähigkeit	++ + 0 – – –
3.1 Erkennt meine Leistung an und lobt mich	II III IIII
3.2 Sucht bei Fehlern nicht nach Schuldigen, sondern bietet Hilfe an	… I III II III
3.3 Stellt sich bei unberechtigter Kritik vor mich	.II III IIII
3.4 Gibt mir Unterstützung und Rückenstärkung	I IIIIII ... I
3.5 Stellt mir herausfordernde und zugleich erreichbare Ziele	... IIIIII I
3.6 Gibt mir Handlungsspielraum	IIII IIIII
3.7 Kann mich für Ziele und Aufgaben begeistern	.I III III I I
3.8 Kann Erfolg teilen	.I IIIIII I
3.9 Fördert meine Eigeninitiative	.II III III

4. Teamfähigkeit	++ + 0 – –
4.1 Informiert mich/uns umfassend und schnell	..I III I IIII
4.2 Nimmt sich Zeit für mich	IIIIII I..
4.3 Behandelt mich respektvoll	III IIIII ..
4.4 Spricht offen mit mir über meine Stärken und Schwächen	.I IIII III
4.5 Sagt mir deutlich seine Erwartungen an mich	.... IIII IIII I
4.6 Hilft mir bei der Qualifikation für neue Aufgaben	I .III III
4.7 Trifft mit mir klare Zielvereinbarungen	.I III II
4.8 Gibt sein Fachwissen weiter	.II II III
4.9 Ist für mich da, wenn ich ihn brauche	III IIII

5. Konfliktfähigkeit	++ + 0 – –
5.1 Kehrt Konflikte nicht unter den Teppich	.II IIII II
5.2 Steht zu seiner/ihrer Meinung	III III II
5.3 Akzeptiert andere Meinungen und hört sich auch Unangenehmes an	... IIIII III
5.4 Kann im Konfliktfall mit Gefühlen umgehen	III IIII II
5.5 Kränkt nicht und nutzt meine Schwächen nicht aus	II IIIII I
5.6 Droht und erpresst nicht	.II IIII II
5.7 Redet nicht um den heißen Brei herum und spricht auch Unangenehmes aus	..I IIII II I
5.8 Wärmt alte Geschichten nicht auf	III .I I III

■ Selbsteinschätzung

Abbildung 24

Unser Gedächtnis wird jeden Tag von uns selbst bearbeitet, angepasst und manipuliert. Dies alles, damit wir unsere Identität nicht infrage stellen müssen. Das Gedächtnis verhält sich wie der schlimmste Opportunist.

Noch schlimmer ist es, wenn die Betroffenen unter emotionalem Dauerstress stehen. Dies kommt beispielsweise vor, wenn ein großes „Versagen" mit hoher „Schuldhaftigkeit" empfunden wird. Da versucht der Opportunist, unser Gehirn zurückzuentwickeln zu einem Reptilienhirn, also ohne Bewusstsein. Das schützt aber nur scheinbar. Der Effekt ist vergleichbar mit Menschen, die eine mechanische Beschädigung des präfrontalen Kortex haben. Dies ist die Gehirnregion direkt hinter Ihrer Stirn. Diese Menschen haben kein Schuldbewusstsein, kein Mitgefühl und keine emotionale Intelligenz.

Bevor Sie eine Partnerschaft eingehen oder einen Vorgesetzten akzeptieren, wäre es von größtem Nutzen, wenn Sie eine computertomografische Aufnahme mit Aussagen über die Funktionalität des Kortex bekommen könnten. Leider gibt es das nicht, also bemühen Sie Ihre emotionale Intelligenz, ähnlich wie das schon Seneca (4 v.–65 n. Chr.) gemacht hat:

Verfalle nicht der Illusion, größer zu sein, als du tatsächlich bist – solche Sehnsucht geht ins Leere, es sei denn, du tust etwas dafür, so zu werden, wie du sein willst. Verfalle nicht der Illusion, kleiner zu sein, als du tatsächlich bist – solche Furcht führt ins Bodenlose, es sei denn, du deckst sie auf. Vertraue dem, der du in Wirklichkeit bist.

Jetzt haben Sie ein Gesamtbild über Ihre soziale Kompetenz. Betrachten Sie sich die Diskrepanzen, die zwischen den einzelnen Befragungen entstanden sind. Sollte das Bild von „oben" (Chef) und „unten" (Mitarbeiter) nicht einigermaßen gleich sein, das Bild zwischen „Privat" und „Beruf" sich nicht ähneln, das Bild zwischen „Innen" und „Außen" (mit kleinen Abstrichen – tendieren wir doch dazu, die eigenen Schwächen zu minimieren) nicht einigermaßen übereinstimmen, *dann haben Sie ein Problem*. Oder halt: dann haben Sie sogar ein wesentliches Problem. Denn Sie leben nicht in Balance, nicht in Harmonie, nicht im Einklang. Ihr Verhalten ist geprägt vom Theaterspielen. Sie mimen. Machen Sie sich nichts vor, Sie wissen es und Ihre Umgebung weiß es auch. Oder sind Sie etwa töricht genug, zu glauben, Ihre Umgebung hätte Ihr zwiespältiges Verhalten nicht bemerkt? Sie glauben tatsächlich, Ihr Schauspiel wäre überzeugend? Sie sind durchschaut. Fast alle wissen Bescheid. Man ist rücksichtvoll mit Ihnen und lässt es Sie kaum merken. Oder wollten Sie es vielleicht gar nicht mitbekommen? Weise sind Sie nicht gerade, denn Sie versuchen, Ihre Schwächen zu kaschieren, anstatt zu ihnen zu stehen. Ihr Leben ist aus der Balance.

Sie wissen nun, ob Sie eine Diskrepanz zwischen Innen- und Außenbild haben. Hier müssen Sie unbedingt für Übereinstimmung sorgen. Vielleicht hilft der Spruch:

Ein weiser Mann redet in einer neuen Umgebung zuallererst über seine Schwächen. Das macht frei.

Genauso wichtig ist es, zu erkennen, ob Sie über eine hohe soziale Intelligenz verfügen. Diese Intelligenz ist die bedeutendste, um eine Führungspersönlichkeit zu werden. In dieser Intelligenz müssen Sie stark sein, wenn Sie viel mit Menschen zu tun haben möchten. Nur mit dieser Intelligenz sind Sie teamfähig. Nur mit dieser Intelligenz können Sie ein „Leader" werden. Das heißt umgekehrt aber nicht, dass alle Leute, die Karriere gemacht haben, über eine hohe soziale Intelligenz verfügen. Ganz im Gegenteil. Dies ist in viele Firmen sehr hinderlich, wie später noch aufgezeigt wird (Kap. 5.1). Nur mit Ihren Stärken haben Sie auch Erfolg. Insbesondere mit Ihren Persönlichkeits-Kompetenzen. In der äußeren Scheibe von Abbildung 25 sind einige wesentliche persönliche Merkmale aufgezeigt.

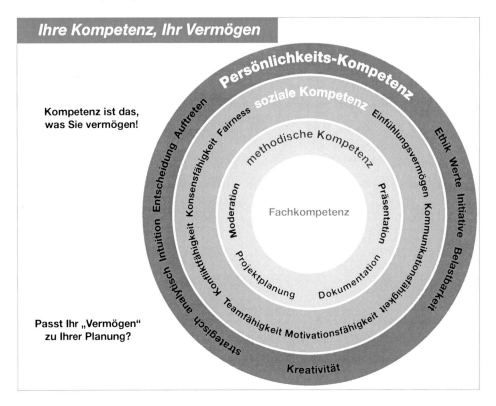

Abbildung 25

Nun, wie setzen sich Ihre persönlichen Merkmale zusammen? Sind Sie belastbar? Analytisch veranlagt? Strategisch? Was brauchen Sie für Ihre fünf Lebensträume? Was verlangt Ihre jetzige Aufgabe von Ihnen? Was fehlt Ihnen für Ihren Traumjob?

Wenn Sie kein Redner sind, sollten Sie sich nicht gerade Herausforderungen suchen, deren Kennzeichen ein eloquenter Umgang mit Worten ist. Sind Sie kein analytischer Mensch, gehen Sie nicht ins Marketing. Schaffen Sie die Balance zwischen persönlichem Profil und den Anforderungen Ihrer Tätigkeit. Kompetenzen können Sie nicht erlernen, höchstens etwas verbessern.

Wenn Sie hier schwach sind, bleiben Sie schwach.

Wichtig ist die Gesamtsumme in Abbildung 26.

PLUS oder MINUS

Der Mensch ist die **Summe** seiner *entwickelten* **Eigenschaften und Fähigkeiten,** aber auch die **Summe** seiner **Eitelkeiten und Realitätsverluste.** Die **Gesamtsumme** *ist nicht immer plus*.

Abbildung 26

Wenn Sie in einem Punkt stark sind, dann bleiben Sie es auch. Nutzen Sie Ihre Stärken und akzeptieren Sie Ihre Schwächen. Ein kleines Trostpflaster gibt es mit auf den Weg: Die Sensibilität in sozialen Kompetenzen wächst angeblich mit der Weisheit des Alters. Sie sind aber die Summe von all Ihren Eigenschaften und Fähigkeiten. Fragen Sie immer nach der Gesamtsumme.

Sie kennen nun Ihre starken Eigenschaften, Ihre Kompetenzen und Intelligenzen nun viel besser. Die Grundlage Ihres persönlichen Erfolges und Ihrer Befriedigung ist gelegt. Sie wissen, wie Sie in Balance bleiben.

Aber nutzen Sie Ihre Fähigkeiten auch? Kommen Sie dort an, wo Sie hin wollen? Was hat Sie denn bisher daran gehindert, erfolgreich zu sein oder zumindest so erfolgreich, wie Sie es sich gerne wünschen? Warum empfinden Sie weniger Befriedigung, als Sie sich erhofften? Was hindert Sie? Diese Fragen möchte ich im nächsten Kapitel angehen.

Da ein Teil Ihrer fünf verbleibenden Lebensträume direkt oder zumindest indirekt mit der Beschaffung finanzieller Mittel, also mit dem Beruf zu tun hat, hier einige Hinweise für Ihren Berufserfolg und Ihre Karriere. *Ihre Kompetenzen sind Ihr Vermögen!* Kompetenz ist das, was Sie vermögen! Passt Ihr Vermögen zu Ihrer Karriereplanung, zu Ihren Lebensträumen? Werden Ihre Stärken dort benötigt? Haben Sie das Auftreten dazu? Noch wichtiger, von welchen Werten lassen Sie sich leiten?

Ihrer Kariere allerdings nutzt es nichts, wenn Sie brillieren, Ihre Firma jedoch einen anderen Anspruch definiert hat, sprich: wenn Ihre Vorgesetzten Ihre Erfolge anders beurteilen. Ihrer Karriere nutzt es auch nichts, wenn Ihr Chef nicht tatkräftig hinter Ihnen steht und *Ihre* Erfolge auch als *Ihre* Erfolge weiterträgt. Vielleicht sollten Sie doch lieber den Chef wechseln? Die meiste verlorene Zeit im Berufsleben werden Sie haben, wenn Sie mit den falschen Vorgesetzten arbeiten. Ziehen Sie schnell Konsequenzen. Wechseln Sie Ihren Vorgesetzten! Wenn nötig auch durch einen Wechsel zu einem andern Unternehmen. Wollen

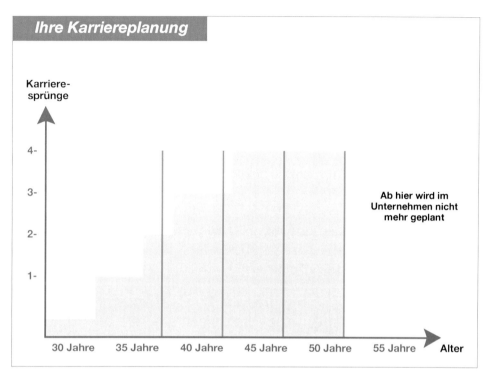

Abbildung 27

Sie Karriere machen, beschäftigen Sie sich ebenfalls mit Abbildung 27. Wie viel Zeit haben Sie noch für wie viele Karrieresprünge?

Haben Sie all dies erledigt, ist der nächste Schritt, mit Ihrem Chef zu reden und dem Personalmanagement Ihre Wünsche mitzuteilen. Es wird Ihnen gelingen, es sei denn, Sie haben sich selbst belogen oder aber Sie sind in der falschen Firma. Sind Sie in einem Unternehmen, bei dem das Personalmanagement eine hohe Qualität aufweist, dann nutzen Sie die gebotene Unterstützung auch. Für Ihre Weiterbildung sind Sie zwar selbst verantwortlich, gebotene Chancen sollten Sie allerdings nicht auslassen.

Sollte es in Ihrer Firma den einen oder anderen Coach für Sie geben, der sich anscheinend nur Ihnen zuliebe mit Ihrer Bildung, Ihrer Weiterentwicklung und Ihrem Lebensweg befasst, dann haben Sie Glück. Etwas veranlasst Ihren

Betreuer, sich um Sie zu kümmern. Finden Sie heraus, was das genau ist. Sie sind wohl schon als junger Mensch eine Respektsperson mit Charakter.

„Charakter ist der psychologische Muskel,
den moralisches Verhalten erfordert",
sagte Amitai Etzioni.

Vielleicht haben Sie sogar Charisma. Die Ihnen angebotenen Möglichkeiten sollten Sie auf jeden Fall nutzen. Im Übrigen: Ein Coach ist nicht unbedingt ein alter Großvater und nicht zwangsläufig männlich.

Am besten, Sie füllen Abbildung 28 aus. Sie wissen dann, ob Sie im Moment die richtige Aufgabe haben, ob Sie Ihre Stärken einsetzen können und dementsprechend erfolgreich sein müssten. Aber vielleicht wissen Sie jetzt auch, dass Sie sich besser eine neue Aufgabe suchen sollten.

Ihr persönliches Profil

1. Was ist Ihre Verantwortung (nicht was Sie tun) im Unternehmen?

2. Wie messen Sie Ihren Erfolg konkret?

3. Ihr Anforderungsprofil gespiegelt an Ihrer jetzigen Tätigkeit

	Stärken	Schwächen
1.		
2.		
3.		
4.		
5.		

4. Passen Sie zur Firmenkultur?	ja ☐ nein ☐

Abbildung 28

Haben Sie auch die Frage beantwortet, ob Sie zur Firmenkultur passen? Hoffentlich waren Sie hier nicht zu schnell. Die Frage ist nicht, ob Sie nette Kolleginnen/Kollegen haben. Die Frage bezieht sich auf Ihre Leitung. Wie verhält sich der Führungskader Ihres Unternehmens, was sagt er aus, was lebt er vor? Wichtig ist hierbei, ob Sie sich damit identifizieren können. Ob auch dort Ihre Stärken geschätzt werden. Wenn nicht: Es gibt viele Unternehmen, die besser zu Ihnen passen würden.

Falls Sie einer etwas anspruchsvolleren Tätigkeit nachgehen, werden Sie nur für die Erfüllung Ihrer Verantwortung bezahlt. Hoffentlich kennen Sie die auch? Ob Sie ihr auch gerecht werden, muss die Antwort auf Frage 2 von Abbildung 28 zeigen.

Sollten Sie Ihre Verantwortung nicht konkret messen können, dann haben Sie auch keine. Verfügen Sie über konkrete Messgrößen, dann wissen Sie auch, ob Sie erfolgreich sind. Sollte Ihre Firma keine derartige Zielvereinbarung mit Ihnen haben, dann notieren Sie sich Ihre eigenen Messgrößen. Sprechen Sie diese mit Ihren Vorgesetzten durch. Definieren Sie ein Jahr im Voraus, was als Erfolg gilt, und Sie wissen 12 Monate später konkret, was Sie darunter verbuchen können. Definieren Sie die Messlatte des Erfolges im Voraus, können sich Vorgesetzte im Nachhinein nicht herausreden. So wissen Sie, wo Ihre Erfolgsmesslatte liegt. Wenn Sie gut sind, werden Sie die angepeilten Resultate auch erreichen.

2.4 Urlaubsplanung, Säulen, Gesundheit, Finanzen, Beziehungen, Emotionen, Sinn, Werte, wenn zwei …

Was wollen Sie wie umsetzen?

Machen Sie sich auf, Ihre Lebensträume zu realisieren. Machen Sie sich selbst dann auf den Weg, wenn Sie achtzig sind. In diesem Fall allerdings sollten Sie sehr gezielt vorgehen, denn Sie haben nicht mehr viel Zeit, Sie sind schließlich schon in der vorletzten Lebensphase.

Sie haben sich bisher damit auseinandergesetzt, ob Sie eine Chance haben, Ihre 5 Wünsche zu realisieren oder ob Sie nur einem Traumgebilde nachhängen. Die Wunschziele kennen Sie. Die Frage ist, kennen Sie auch den Weg? Wenn das der Fall ist, können Sie überlegen, wie Sie den Weg gehen. Wie kommen Sie in der Umsetzung? Wie kommen Sie in der Bewegung? Hierfür müssen Sie sich Ihren Traum so bildhaft vorstellen, dass Sie die Intensität Ihrer Gefühle erfassen. Gefühle sind Mechanismen, die die *Prioritäten* unseres Wunsch-denkens steuern. Je intensiver ein Wunsch, desto stärker das Gefühl, das Bedürfnis nach Befriedigung – und damit der Antrieb, durch entsprechendes Verhalten ans Ziel zu gelangen. Infolgedessen wird mehr Energie eingesetzt und auch der Preis, der zu zahlen ist, steigt. Im Extremfall gilt nur noch dieses eine große Ziel, das Ziel mit der allerhöchsten Priorität.

Planen Sie Ihren Lebensweg wie eine Urlaubsreise. Beantworten Sie, *wann* Sie da sein wollen. Für den Urlaub genügt wochengenau. Für die Lebensplanung das Zieljahr. Dann kommt die Frage: *Wo?* Für den Urlaub ist die Antwort eine Region, Land, eine Insel. Für die Lebensplanung eine große Firma, Heimat, eine Familie. Dann stellen Sie die Frage: *Was?* Wollen Sie im Urlaub Kultur, Sport, Events? Wollen Sie für den Lebensweg Karriere, Lebensstil, Kinder? Es folgt das *Wie*. Wenn Sie im Hotel, auf einem Campingplatz oder privat über-nachten, möchten Sie dann lieber ein Schloss statt einer Wohnung? Für den Urlaub kommt dann die Budgetfrage. Können Sie sich das leisten? Haben Sie genügend Geld auf dem Konto? Welche Angebote gibt es zur Auswahl? Für den Lebensweg ist es die simple Frage, ob Sie den Preis, was immer der Preis wirklich ist, für den Einsatz zahlen wollen. Der Preis hier hat wohl weniger mit Geld zu tun, sondern viel mehr mit der Zeit, die Sie zu investieren haben. Und noch wichtiger mit einer Abwahl. Sie müssen verzichten, Sie müssen Nein sagen. Sie können nicht alle Wünsche gleichzeitig erreichen. Ist Ihnen das Ziel den jeweiligen Preis wert? Was sagt Ihre Prioritätensteuerung?

Was zur Realisierung Ihrer Lebensträume gehört, sehen Sie in Abbildung 29.

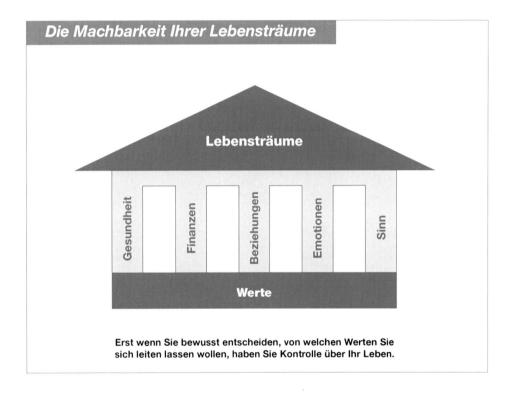

Abbildung 29

Beginnen Sie damit, die Säulen zu betrachten. Nehmen Sie als konkretes Beispiel an, Sie wollen eine hochseetüchtige Yacht im Mittelmeer Ihr Eigen nennen. Dazu brauchen Sie ein *Mindestmaß an Gesundheit*, schließlich wollen Sie zur See fahren. Kondition gehört nun mal dazu. In einer Koje zu übernachten sollte für Sie nicht anstrengend sein, seekrank sollten Sie auch nicht werden. Es gibt sicher Wünsche, bei denen die Ansprüche an Ihre Gesundheit noch höher sind. Denken Sie an Skifahren, Bergsteigen oder Ähnliches. Also, zu jedem Lebenstraum gehört die passende Gesundheit. Wenn Sie diese Gesundheit nicht mitbringen oder nicht erlangen können, dann nehmen Sie Abschied von Ihrem Lebenstraum, denn er wird nicht in Erfüllung gehen. Geben Sie aber nicht vorschnell auf. Wenn es um Ihre Kondition geht, haben Sie eine Chance.

Schauen Sie mal, wie Sie durch Fitness Ihre Lebenserwartungskurven beeinflussen können. Klar, dies ist nur Statistik. Trotzdem: Gesundheit ab 40 gibt es nicht ohne Vorleistung.

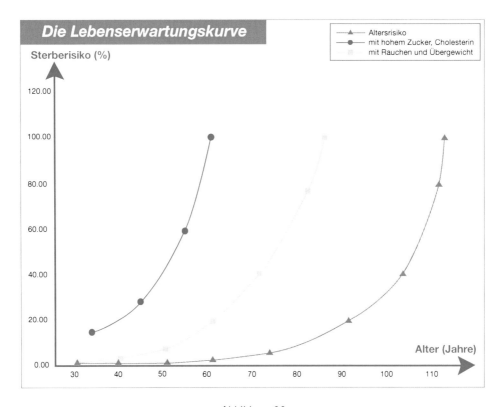

Abbildung 30

60

Sie rauchen viel und sind stark übergewichtig? Dann steigt Ihr Risiko um das 4,5- bis 9-Fache. Statt Ihr Potenzial von etwa hundert Jahren zu erreichen, sterben Sie statistisch mit ca. 70 Jahren. Sie haben Zucker und hohe Cholesterin- und Blutdruckwerte? Dann steigt Ihr Risiko auf das ca. 45-Fache. Statt hundert Jahre erreichen Sie vielleicht noch Ihren 50. Geburtstag.

Die Konsequenzen daraus lauten:

- Schon mit dreißig Jahren sollten Sie Ihre Gesundheit medizinisch überprüfen lassen. Das Mindeste ist die Kontrolle entsprechender Blutwerte.
- Beschäftigen Sie sich mit genbedingten Abweichungen in der Verwandtschaft. Welche Todesursachen gab es in den vorhergehenden Generationen? Haben Sie ein vererbtes Risiko?
- Erhalten Sie Ihre Fitness. Dies verlangt einige durchschnittliche Aktivitäten: Zwei- bis dreimal in der Woche für 30 Minuten sollten Sie einen Ausdauersport betreiben (Wandern, Laufen, Radeln, Schwimmen). Bringen Sie Ihre Pulsfrequenz in das Band Fettverbrennung.

Behalten Sie Ihren Alkoholkonsum im Griff. Ernähren Sie sich ausgewogen. Beobachten Sie einige Kenngrößen, die da sind:

- Begrenzen Sie die Energiezufuhr, denn weniger Essen ist wirksamer, als mühsam zusätzliche Energie zu verbrauchen. Um 500 Kilokalorien zu vernichten, müssen Sie ca. 90 Minuten Ausdauersport betreiben. Begrenzen Sie die Energiezufuhr im Tagesdurchschnitt auf 2.500 Kilokalorien für Männer und 2.100 Kilokalorien für Frauen.
- Achten Sie besonders auf die hohen Energieträger Alkohol, Fett und Zucker. Begrenzen Sie Ihren Fettanteil auf kleiner 86 Gramm (Männer) bzw. 73 Gramm (Frauen).
- Kontrollieren Sie Ihren Body-Mass-Index ((BMI = Gewicht (kg) durch Länge (m) x Länge (m)). Streben Sie, je nach Körperbau, einen Faktor von 25 +/– 5 Prozent an. Haben Sie mehr als ca. +10 Prozent, sollten Sie abnehmen. Nehmen Sie die Hälfte an täglichen Kalorien zu sich (sparen Sie an den großen Energieträgern) und steigern Sie den Verbrauch durch

Ausdauersport. Ist Ihr BMI größer als 30, leiden Sie unter gefährlicher Fettleibigkeit.

Zur zweiten Säule, *Finanzen*. Sind Sie reich geboren, haben Sie Glück gehabt. Ansonsten: Achten Sie darauf, dass die Ausgaben nicht die Einnahmen übersteigen. Errechnen Sie das benötigte Kapital, um Schiff, Mannschaft zu unterhalten und die Liegegebühren zu errichten. Als reicher Erbe haben Sie zumindest damit keine Schwierigkeiten. Die meisten von uns werden allerdings nicht reich geboren. Wir müssen unser Vermögen selbst verdienen. Aber das ist kein Problem, denn mit Erfolg im Berufsleben ist es möglich, die paar 100.000,– Euro sehr wohl in einer absehbaren Zeit zu realisieren, denn:

„Kreative Menschen schaffen durch ihre Ideen Vermögen."

Mancher Glückspilz hat beides, Kreativität und Erbschaft. Wenn Sie es mit Kreativität schaffen wollen, ist die Lösung nicht, dass Einnahmen Kosten übersteigen, sondern wesentlich härter: Wie viel Geld können Sie ersparen? Wie lange brauchen Sie, um die nötigen Finanzmittel angesammelt zu haben? Was müssen Sie dafür tun? Welchen Preis zahlen Sie? An welcher Prioritätsstelle steht dieser Wunsch? Wenn dies wirklich Ihr absolutes Traumziel ist, dann werden Sie es mit Einsatz und Durchhaltevermögen auch schaffen. Allerdings gibt es Wünsche, die weniger geldintensiv sind und die Sie möglicherweise doch bevorzugen sollten. Eine klare Entscheidung muss her. Setzen Sie die Prioritäten in Ihre 5 Lebensträume.

Beziehungen sind eine weitere wichtige Säule. Sie können nicht alles selbst beurteilen. Sie brauchen Menschen, auf deren Rat Sie sich verlassen können, Menschen, die in der Materie besser Bescheid wissen als Sie selbst. Menschen, die Ihnen ihr Netzwerk zur Verfügung stellen, damit Sie Ihr Vorhaben gezielt angehen können. Bleibt der Hinweis, dass diese Beziehungen nicht nur Zweckbündnisse für Sie sein mögen.

Eine partnerschaftliche Beziehung stützt sich auf Vertrauen und lebt durch Teilnahme. Teilen Sie Ihre Freude in diesen Beziehungen. Alles, was Sie teilen – sei es Freude oder Wissen –, stellt eine Vermehrung dar, ohne dass Sie dafür etwas abgeben müssen. Sie können teilen, ohne etwas aufzugeben. Im Gegenteil, Sie gewinnen sogar hinzu.

Jeder Lebenstraum, der Realität wird,
braucht die passende Unterstützung,
aber auch die passenden Mitspieler.

Anders beschreibt das Christine Jelinek:

„In der Arbeitswelt wäre es völlig ausreichend, würde man Eigenschaften entwickeln wie: Leistungsbereitschaft, Zielstrebigkeit, Genauigkeit, Organisationstalent, Ordnungsliebe, Korrektheit, Höflichkeit …
Zugleich verlagern viele Menschen ihre unerfüllten Wünsche nach Intimität in den Beruf. Das kann nicht funktionieren. Fehlt die Intimität über längere Zeit, gehen sowohl Individuen als auch Gemeinschaften zugrunde. Zum Überleben braucht es Partner, Freunde, Verwandte, bei denen man sich so zeigen kann, wie man wirklich ist, von denen man geliebt wird, ohne ein Ziel erreichen zu müssen."[9]

Als Nächstes betrachten Sie die *Emotionen*. Nichts ist ohne Gefühle. Treffen wir angeblich sachliche Entscheidungen, dann treffen wir diese emotional, um sie anschließend rational zu begründen. Fragen Sie doch gleich Ihre Emotionen und stehen Sie dazu. Es lebt sich leichter und wahrhaftiger, wenn Sie so vorgehen. Tun Sie Ihre Emotionen kund. Leben Sie sie aus und das bitte nicht nur im Privatleben, sondern auch im Beruf. Emotionen brauchen Teilnahme. Teilen Sie sie mit Ihrem Netzwerk, mit Ihrer Umgebung.

Je nach Inhalt Ihres Lebenstraumes sind verschiedenartige Menschen nötig, mit denen Sie Ihre Emotionen teilen können. Nicht jeder aus Ihrem Bekanntenkreis eignet sich auch für jeden Lebenstraum. Nicht einmal – falls Sie verheiratet sind – Ihr Ehepartner. Den einen ausschließlichen Menschen, mit dem Sie alle

---

[9]   **Christine Jelinek**, Businesskrieger, C.H. Beck Verlag, 2003

Gebiete Ihrer Emotionen und Ihrer Lebensträume verwirklichen können, gibt es nicht. Dazu sind mehrere Menschen nötig.

Macht es *Sinn,* was Sie tun? Hier wird die Frage nach der Zweckmäßigkeit aufgeworfen. Wozu wollen Sie diesen Traum realisieren? Was haben Sie davon? Was treibt Sie dazu, ausgerechnet diesen Wunsch leben zu wollen? Welches Bedürfnis befriedigen Sie damit? Fragen Sie Ihre Gefühle, suchen Sie Ihren Antrieb. Ohne Sinnerfüllung bleibt der Traum nur ein leeres Gebilde. Dann können Sie die Erfüllung genauso gut sein lassen. Jeder Ihrer Träume braucht seinen eigenen für Sie gültigen Sinn.

Wenn die Anforderungen aller Säulen gemäß Abbildung 29 angemessen entsprechen, werden Sie Ihre Träume realisieren, es sei denn, Ihr Fundament stimmt nicht.

> *Erst wenn Sie bewusst eine Entscheidung treffen, von welchen Werten Sie sich leiten lassen wollen, haben Sie Kontrolle über Ihr Leben.*

Das mit dem Bewusstsein ist so eine Sache. Kann ein Tier sich zum Beispiel im Spiegel erkennen? Und wäre damit zumindest ein minimales Bewusstsein nachgewiesen?

> „Kleinaffen, junge und sehr alte Schimpansen, Elefanten und Kleinkinder haben kein Bewusstsein. Die einzigen bewussten Tiere sind danach Gorillas, Orang-Utans, Schimpansen in ihren besten Jahren und richtig trainierte Tauben. Definiert man Bewusstsein etwas enger, dann hätten danach nicht einmal alle Menschen heute ein Bewusstsein. Auch für Menschen in den früheren Hochkulturen wird das in Frage gestellt. Danach sei Bewusstsein im Wesentlichen ein Produkt der kulturellen Evolution.“[10]

Oder anders ausgedrückt:

---

[10] **Steven Pinker,** Wie das Denken im Kopf entsteht, Kindler Verlag, 1998

„Wenn Schimpansen die Flugsicherung übernehmen wollen, ist es besser, sie erkennen, dass sie dafür nicht reif sind. Wenn wir Menschen in die Schöpfung eingreifen wollen, ist es besser, wir erkennen, dass unser Wissen, unser Denken und unser Bewusstsein dafür nicht reif sind.“[11]

Diese noch nicht so alte Errungenschaft der Evolution, das Bewusstsein, sollten Sie nutzen. Besinnen Sie sich auf Ihre Werte. Auf die Werte, die Sie aktiv „an Bord" behalten haben (andere haben Sie ja schon über Bord geworfen). Diese vorhandenen Werte müssen schon die sein, an denen Sie sich messen lassen wollen. Ihre eigenen Werte, für die Sie sich bewusst entschieden haben. Die, deren Einhaltung für Sie lebenswert ist und Sie für andere kalkulierbar macht. Die, die Ihr Profil ausmachen und Sie liebenswert für andere machen. Die, die Ihre Ecken und Kanten ins Licht rücken. Kurzum, die Werte, die Ihre individuelle Persönlichkeit bilden. Abbildung 31 veranschaulicht die Bedeutung.

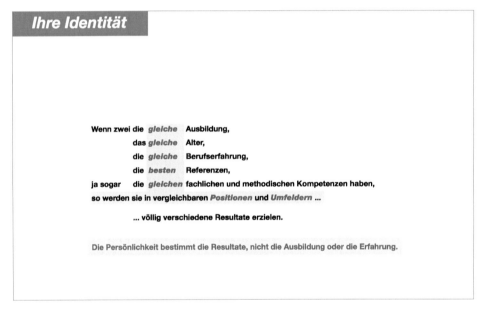

Abbildung 31

[11] Wolfgang Berger, Business Reframing, Gabler Verlag, 1998

Ihre Identität ist einmalig und unverwechselbar. Sie sind ein Unikat. Zwei Gründe mögen ausreichen, dies zu belegen.

Sie sind aus einer Ei- und einer Samenzelle entstanden. Es war die eine Samenzelle aus vielen Millionen. Es hätte leicht ein anderes sein können, und es hätte Sie nicht gegeben. Also, Sie haben mehr Glück gehabt als mit einem Sechser im Lotto.

Ihr Gehirn ist komplexer als das ganze Weltall. Es kann Sie also in dieser Zusammenstellung nicht noch einmal geben. Wie das Ganze zu nutzen ist, ist schon länger bekannt:

> „Ob nicht doch der Erwerb so vieler Kenntnisse und das lückenlose Hersagen so vieler Lehrbücher die Voraussetzungen heben würden? Ach nein! Urteil, Erfahrung, Tatkraft und Charakter sind die Bedingungen des Erfolges im Leben, sie sind nicht aus Büchern zu erlernen. Bücher sind nützliche Nachschlagewerke."[12]

Alternativ geht es auch viel einfacher. Frei nach dem Motto: Kaum Werte, kaum Ecken und Kanten, kaum Profil und kaum Identität gelingt die Umsetzung von Lebensträumen simpler, schneller, aber auch rücksichtsloser …

Vielleicht wollen Sie ja doch nur Ihren Luxus steigern. Zuerst die eigene Wohnung, dann einen Porsche, dann erst die eigene Meinung. Der Preis dafür ist: Kaum Persönlichkeit ergibt kaum Erfüllung.

Ist beim Ankommen am Ziel die Freude getrübt, dann fragen Sie sich, warum Sie so fühlen. Denken Sie nach über den Preis, den Sie bezahlt haben, und überlegen sich, welche Werte verletzt wurden. Daher empfiehlt es sich, die großen Ziele in Abschnitte einzuteilen und zwischendurch Bilanz zu ziehen. Stimmen die ursprünglichen Überlegungen noch? Haben Sie, wenn nötig, Mut zur Korrektur? Erinnern Sie sich: Nur wirklich intelligente Menschen lernen ständig dazu.

---

[12] **Gustave Le Bon**, Psychologie der Massen, Alfred Kröner Verlag, 1911

3. DIE BERUFSFÜHRUNG, SIE IM UNTERNEHMEN MIT ANDEREN MENSCHEN

3.1 Unternehmensplanung, Marketing, Leistung, Motivationshebel, Vision, Volumendegression, Kostenführerschaft versus Differenzierung, Nische versus Volumen, Zielvereinbarung, Ehrgeiz

Wohin will Ihre Firma?
Welche Ziele sind wie zu erreichen?

Eine Firma ist eine Gruppe von Menschen. Deshalb hat die Planung eines Unternehmens Ähnlichkeiten mit der Planung des persönlichen Lebenslaufes aus Kapitel 2. Die sich stellenden Fragen für die Firmenanalyse sind durchaus vergleichbar:

- Wohin will das Unternehmen?
- Woher kommt es? Was ist wichtig? Woran orientiert es sich?
- Was sind in Summe die Begabungen und Fähigkeiten?
- Wo ist es stark?
- Was will es umsetzen? Kann es das auch?
- Welche „Lebensträume", Visionen werden versucht zu verwirklichen?

Und Sie als Mensch und all Ihre Kollegen mit Ihren gesamten Individualitäten wirken da zusammen. Daher ist die Analyse einer Firma noch komplexer als die Betrachtungen über die eigene Persönlichkeit. Es braucht von allem mehr. Mehr Fachkompetenz, mehr methodische Kompetenz, mehr Umsetzungsqualität, mehr Ausgewogenheit, mehr Kreativität … und vor allem höhere Motivation.

Wenn Sie sich in Ihrer Firma mit Ihren Stärken einbringen wollen, müssen Sie sich zunächst über die grundlegenden Firmenprozesse im Klaren sein. Sie müssen wissen, welcher Druck der Wettbewerb auf Ihre Firma ausübt und wie Ihre Firma darauf reagiert.

Gute Unternehmen verändern sich ständig. Der Markt, der Wettbewerb zwingt zur Anpassung, zwingt dazu, ständig anders, aber auch besser zu werden. Diese Unternehmen sind daher immer auf Reisen. Und planen ununterbrochen.

Die Analyse, wo das Unternehmen steht, was es kann, welche Schritte zu machen sind, ist das Marketing. Eine solche Planung zeigt Abbildung 32.

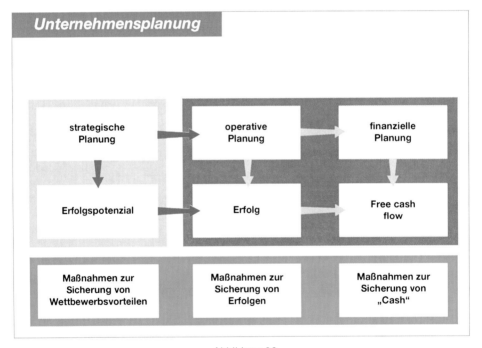

Abbildung 32

Die strategische Planung umfasst mit den Erkenntnissen von Kunden und Markt das Erkennen von Geschäftspotenzialen. Hier werden die Zukunftschancen definiert. Von den Verantwortlichen werden Kreativität, strategisches Denken und Mut verlangt.

Die Detailplanung nennt sich „operative Planung". Hier wird durch Maßnahmen definiert, wie aus Geschäftsperspektiven ein Erfolg wird. Hier werden Menschen mit Managereigenschaften benötigt, also jene, die einen Themenkatalog mit „Was?, Wie? und Wann?" umzusetzen wissen. Diese Maßnahmen müssen sich in finanziellen (Cash) Veränderungen zeigen. Die Veränderungen im Gewinn, in den Investitionen, in der Kapitalsumme werden in der finanziellen Planung erstellt.

Eine Strategie, die keine Maßnahmen erfordert,
eine Maßnahme, die keine finanziellen Auswirkungen hat,
ist virtuell und findet im wirklichen Leben nicht statt.

Eine genaue, sehr detaillierte Planung erfordert das laufende Jahr (Budget). Eine gröbere Planung wird für die folgenden Jahre in Richtung Visionsziel aufgestellt.

Dies alles leistet nach meiner Definition das Marketing. Marketing wird oft anders verstanden. Für viele Menschen gehört das Marketing irgendwie zum Verkauf, für manche ist es einfach nur „die Werbung". Doch das trifft es nicht, denn:

Marketing ist eine Geisteshaltung.

Marketing ist ein Verhalten und ist daher ein Bestandteil der gelebten Firmenkultur. So wie die Kultur ist, ist dann auch das Marketing. Marketing durchdringt das ganze Unternehmen. Ein qualitatives Marketing ist Grundvoraussetzung, um ein „selbst lernendes" Unternehmen zu werden. Ein Ziel, das alle guten Firmen haben (Kap. 4.2). Ohne Marketing existiert keine Orientierung, wohin das Unternehmen geht. Ergebnisse wären somit reine Zufallsereignisse (ähnlich Abbildung 1). Solche Unternehmen überlassen es anderen, was aus ihnen wird. Was der Wettbewerb mit Ihrem Unternehmen möchte, ist wohl klar. Klein machen. Killen womöglich. Ein Unternehmen ohne qualitatives Marketing ist nicht intelligent, ist ein dummes Unternehmen, weil es sich fremdbestimmen lässt.

Die Planung von Maßnahmen wird stark davon beeinflusst, wohin das Unternehmen will und in welcher Ist-Situation sich das Unternehmen befindet. Die Größe, die Ressourcen, die Kompetenzen, die Werte, der regionale Auftritt sind je Firma sehr verschieden und damit „firmenindividuell". Unternehmen, die planen und ihre Ziele erreichen, haben Erfolg.

Der nötige Aufwand und der Grad der Anstrengung sind unterschiedlich. Es ist also eine „firmenindividuelle" Summenleistung, das Firmenziel erreicht zu haben. Die Summenleistung setzt sich zusammen aus der persönlichen individuellen Leistung der Menschen eines Teams. Ohne diese persönliche Einzelleistung gibt es kein gutes Gesamtergebnis.

Eine Firmenleitung muss daher die Kunst beherrschen, Leistungen ihrer Mitarbeiter anzuerkennen. Was aber ist eine Leistung? Bewerten Sie im Vergleich folgendes Beispiel.
Eine Gruppe Menschen soll auf einen Berggipfel steigen. Die zu überwindende Höhe beträgt 1000 m. Wer vollbrachte die größere Leistung?

A – war der Erste
B – brauchte 10 Minuten länger
C – kam erst eine Stunde nach den anderen an

Alle waren erfolgreich, denn das Ziel war es, den Gipfel zu erreichen. C erbrachte die größere Leistung, denn er hat den Rucksack getragen, sein Körpergewicht ist 50 Kilogramm über dem Durchschnitt und er ist 15 Jahre älter. An und für sich ist es keine große individuelle Leistung, als Erster den Gipfel zu stürmen, wenn Sie 25 Jahre jung, Leistungs- und Ausdauersportler sind.

Diese kleine Geschichte zeigt, dass, um erfolgreich zu sein, das Ziel im Voraus klar zu bestimmen ist und derjenige mit den besten Voraussetzungen ins Rennen geschickt werden sollte. Wäre es darum gegangen, als Erster oben anzukommen, würden wir A nominieren. Ginge es darum, auf dem Gipfel auch noch Brotzeit zu machen und einige Pflaster dabeizuhaben, um eventuelle Blasen an den Füßen zu behandeln, dann nominierten wir besser C.

*Um Leistungen anderer anzuerkennen,
bedarf es einer individuellen Betrachtung.*

Im Unternehmen geht es also zusätzlich darum, den Geeignetsten – das ist manchmal der Beste – für die jeweilige Aufgabe auszuwählen. Dies ist ein dynamischer Prozess, weil die Ansprüche, die Menschen und der Markt ebenfalls dynamisch sind. Einmal ausgewählt kann daher nicht heißen für immer ausgewählt.

Die Voraussetzung für eine Leistung ist die Motivation. Kennen Sie die Motivationsansätze Ihrer Firma? Wollen Sie Spitzenleistung in Ihrem Unternehmen, dann müssen Sie auch spitze im Motivieren sein, denn Spitzenleistungen erhalten Sie einzig dadurch.

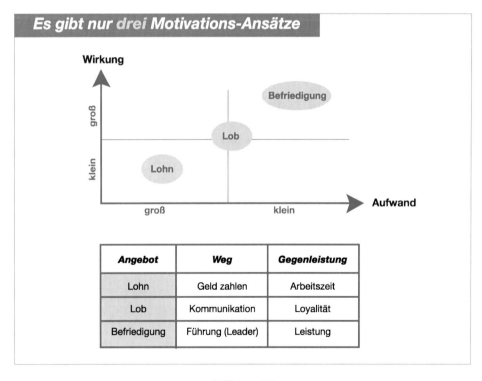

Abbildung 33

Ihnen stehen drei Hebel zur Verfügung:

Der erste und wohl bekannteste ist *Lohn,* Jahreseinkommen bzw. *Geld.* Größeres Gehalt = mehr Motivation? Noch höheres Einkommen = noch mehr Motivation? Alle Umfragen in europäischen Unternehmen bzgl. „Was ist am Arbeitsplatz wichtig?" zeigen, dass der Wunsch nach mehr Geld im Ranking irgendwo auf Platz 5 bis 8 zu finden ist. Also, Geld ist bedeutend, aber nicht am allerwichtigsten. Die Menschen haben sich im Großen und Ganzen an ihr Einkommen gewöhnt. Europäer haben sich in ihrem Standard eingerichtet und wollen diesen natürlich verteidigen. Noch mehr Geld bringt im Verhältnis kaum höhere Leistung für das Unternehmen.

Was die Ausgaben betrifft, stehen bei den meisten Firmen jedoch die Personalkosten an erster Stelle. So auch in dem Musterunternehmen, das ich als Beispiel in Kap. 3.2 verwenden werde. Der Block der Personalkosten ist mit ca. 50 Prozent des Umsatzes am höchsten. Dieser Teilbereich stellt also einen enorm hohen wirtschaftlichen Aufwand mit potenziell geringer Wirkung dar. Für Geld erhält das Unternehmen als Gegenleistung Arbeitszeit – was nicht zwangsläufig Leistung bedeutet. Und im Übrigen: Wer wegen Geld kommt, geht auch wegen Geld. Also eine geringe Bindung dieser Menschen am Unternehmen, wenn sie im Markt nachgefragte Kompetenzen besitzen. Bindung sieht anders aus. Vor allem für „Profis" und Mitarbeiter, für die es eine große Nachfrage gibt.

Der zweite wichtige Hebel ist: *Lob und Anerkennung.* Ein vermeintlich kleiner Aufwand mit großer Wirkung. Es stimmt, der finanzielle Aufwand ist gering, die Wirkung jedoch überraschend groß. Das Unternehmen erhält zusätzlich zur Arbeitszeit die Loyalität des Personals. Loyale Menschen haben ein Interesse am Wohlergehen ihrer Firma und zeigen eine starke Bindung. Doch Loyalität setzt Werte voraus. Kann man Söldnerheere aufbauen und Patriotismus verlangen? Loyalität bringt Identifikation und ein aktives Einbringen der Mitarbeiter – ein sehr hohes Gut, das leider in den letzten Jahren viel zu oft zerstört wurde. Die Unternehmen selbst haben den Nutzen der Identifikation ignoriert.

Der Schlüssel zur Loyalität ist die interne Kommunikation. Wird bei Ihnen kommuniziert oder doch nur informiert? (Den Unterschied finden Sie in Kap. 3.7.) Den dritten Hebel nenne ich: *Bedürfnisbefriedigung.* Auch hier ist die Wirkung groß, der Kostenaufwand gering. Doch hierzu werden „Leader" benötigt. Diese erhalten von den Mitarbeitern große Leistungen freiwillig und geschenkt. Haben Sie „Leader" im Unternehmen? Sind Sie vielleicht selbst einer? Sie werden kein selbst lernendes Unternehmen werden, sollte Ihre Leitung nur aus Managern bestehen. Ihre Firma wird dieses Führungsniveau nie erreichen. Ihre Firma kommt über den Level „Geld gegen Zeit" nicht hinaus. Was jedoch zeichnet einen „Leader" aus? Ein bisschen Geduld, darauf kommen wir später (Kap. 4.1).

Hat Ihre Firma eine Vision? Alle guten Unternehmen haben eine Vision, ein ehrgeiziges Ziel, das in fünf oder zehn Jahren erreicht werden soll. In den folgenden Ausführungen möchte ich Sie als Unternehmer im Unternehmen ansprechen. Als jemanden, der aufgrund seiner Funktion eine gewisse Mitverantwortung trägt. Einen, der Einfluss ausübt. Einen, der durchaus schon über etwas Macht im Unternehmen verfügt.

Wie kommt Ihr Unternehmen zu einer Vision? Unternehmerisch tätig zu sein bedeutet, sich mit der Zukunft des Geschäftes zu beschäftigen. Unternehmertum heißt, heute Entscheidungen zu treffen über etwas, das hoffentlich morgen eintritt. Sicherheiten gibt es dafür nicht. Unternehmerische Entscheidungen beruhen auf Annahmen. Damit ist klar:

Kein Unternehmen kann im Wettbewerb überleben, ohne klare Vorstellungen über die Chancen und Herausforderungen seiner Zukunft zu haben.

Es geht zunächst darum, ein Wissen darüber zu erarbeiten, um herauszufinden, wie sich der Wettbewerb in Zukunft von dem heutigen unterscheidet. Wenn Sie sich von obigen Aussagen leiten lassen,

„müssen Sie in der Firma aufhören, die Welt aus dem Blickwinkel der Gegenwart oder Vergangenheit zu betrachten. Jede Zukunft braucht eine Herkunft, aber sie wird nicht mehr aus ihrer Herkunft abgeleitet."[13]

Das Rückwärtige und das Heutige führen in die Irre. Die Welt ändert sich so schnell, dass es notwendig ist, *dass die Zukunft Ihr heutiges Handeln bestimmt*. Eine Vision ist etwas Neues. Sie ist mehr als die lineare Fortschreibung der Gegenwart. Sie ist Ihre konkrete bildhafte Vorstellung von der zukünftigen Wirklichkeit; Ihre klaren und plastischen Bilder von einer Zukunft, die Sie schaffen möchten. Damit Ihr Unternehmen einen solchen Weg gehen kann, brauchen Sie die Beteiligung aller.

Vision

Eine **Vision** kann **nicht** in **Auftrag** gegeben werden, sondern muss vom **Management** und den **Mitarbeitern selbst** erarbeitet werden.

Ein **gutes Ergebnis** ist nur dann zu erwarten, wenn es eine **gemeinsame** Einschätzung der Gegenwart und des Umfeldes gibt und die Blicke auf das Einigende, nämlich **die Zukunft** gerichtet sind.

Abbildung 34

Zur Verwirklichung brauchen Sie ein klares Bekenntnis, denn eine Zielvorstellung wird nicht zur Vision, nur weil sie auf dem Papier steht. Es bedarf einer klar verstandenen Verbindlichkeit der Unternehmensleitung dazu, künftige Möglichkeiten auch in die Tat umzusetzen.

---

[13]   **Reinhard K. Sprenger**, Aufstand des Individuums, Campus Verlag, 2001

Warum erarbeiten sich Unternehmer eine Vision? Unternehmen mit einer realisierbaren Vision sind erfolgreicher als jene, die keine feste Vorstellung von der Zukunft haben. Wer sein Handeln am Maßstab seiner Vision misst, setzt klare, nachvollziehbare Prioritäten und bleibt auf Kurs. Mit einer verinnerlichten Vision haben die Menschen eine einfache Orientierung für ihr tägliches Handeln. Attraktive Zielvorstellungen wirken „anziehend". Die Motivation der Mannschaft steigt; eine Aufbruchstimmung entsteht. *Die Führung mit „Druck" wechselt zur „Führung durch Zug".*

Wer eine Vision hat, verfügt über einen Wettbewerbsvorteil. Allerdings: Visionen lösen Skepsis aus, wenn sie mehr mit dem übersteigerten Ego der Leitung zu tun haben als mit einem fundierten und von den Mitarbeitern getragenen Ziel. Denn dann wird nichts mehr „verwirklicht", sondern nur noch „umgesetzt". Wenn Sie eine Vision im Unternehmen erarbeiten wollen, dann gehen Sie vor wie in Abbildung 35 dargestellt. Beantworten Sie die dort formulierten Fragen. Wie gesagt, diese Arbeit ähnelt der Erarbeitung der persönlichen Lebensträume. Mischen Sie daher aus allen Hierarchien eine Arbeitsgruppe und formulieren Sie gemeinsam.

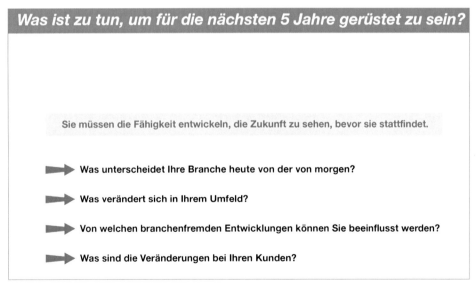

Was ist zu tun, um für die nächsten 5 Jahre gerüstet zu sein?

Sie müssen die Fähigkeit entwickeln, die Zukunft zu sehen, bevor sie stattfindet.

➤ Was unterscheidet Ihre Branche heute von der von morgen?

➤ Was verändert sich in Ihrem Umfeld?

➤ Von welchen branchenfremden Entwicklungen können Sie beeinflusst werden?

➤ Was sind die Veränderungen bei Ihren Kunden?

Abbildung 35

Zwei Beispiele (Abbildung 36 und 37) aus durchgeführten Workshops in der Metallverarbeitungsbranche mögen Ihnen einen besseren Eindruck vermitteln:

Vision

Was unterscheidet unsere Branche heute von der von morgen?

- Kunden wollen keine Vorbearbeitung mehr.
- Trend zu Feinbearbeitung mit Veränderung im Maschinenpark.
- Kundentreue nimmt ab.
- Kunden verlagern ihre Serienfertigung nach außerhalb. (Drittländer)

- Andere Werkstoffe sind im Einsatz.
- Schnellere Zyklen u. a. in Entwicklung.
- Technik ändert sich zu Laser und Wasser.
- Andere Kühlmittel. (Umweltschutz)
- Trend zu superharten Stoffen. (Diamant)

- Einkaufsverhalten, Single Sourcing nimmt zu.
- Firmen schließen sich zusammen.
- Offene Grenzen/Globalisierung, € als Leitwährung.

Abbildung 36

Wer heute keine Vision hat, hat morgen keine Zukunft mehr. Visionen wirken besonders nach innen: Sie sind nicht nur Zukunft, sondern machen deutlich, wohin sich das Unternehmen verändern wird. Visionen fördern das bereichsübergreifende Denken.

Kennen Sie die kurz- und mittelfristigen Ziele Ihres Unternehmens? Wenn ja, wissen Sie, warum ausgerechnet diese und keine anderen? Wichtiger noch ist die Frage, wie der Nutzen Ihrer Vision gemessen werden kann. Auch hier ein Beispiel aus einem Workshop. Eine Veränderung ist nur sinnvoll, wenn:

- wir uns mit den aktuellen Problemen und den Fragen der Zukunft auseinandersetzen
- sich anschließend mehr Kunden für uns entscheiden
- es ein einheitliches Verhalten für alle Hierarchieebenen gibt

- sich die Führungskräfte eindeutig zum „mündigen" Mitarbeiter bekennen
- unsere Vision für neue Märkte und neue Partnerschaften hilfreich ist
- ein „Wir-Gefühl" entsteht
- wir klar, offen und mit Verständnis kommunizieren
- die gemeinsam getroffene Entscheidung nicht ständig infrage gestellt wird (Überprüfung frühestens nach 12 Monaten)

Die Konkretisierungen der Lebensträume für den Menschen sind sehr individuell und daher verschieden. Dies gilt ebenso für die Unternehmen. Die konkreten Maßnahmen verschiedener Firmen auf eine Vision sind sehr unterschiedlich. Die Branchen und ihre Regeln sind sehr verschieden und doch auch manchmal gleich. Es gibt also viele „richtige" Antworten, sie müssen aber aus der eigenen Unternehmenskultur heraus erarbeitet werden. Dann wird die „Individualität" des Unternehmens, die Identität sichtbar. Es gibt also nicht nur eine Zukunft, es gibt hunderte, aber nur wenige, die zu Ihrer Firmenkultur passen werden. Eine erfolgreiche und von allen Mitarbeitern akzeptierte Vision unterscheidet

Vision

Was verändert sich in unserem Umfeld?

- Trend zu weniger Energieverbrauch.
- Mehr privater Transport.
- Rollenmix Mann/Frau.
- Gesellschaftspyramide verschärft sich.

- Trend zu Vernetzung zwischen Kunden – Produzenten – Zulieferern (B2B, B2C).
- Flexibilisierung der Arbeitszeit.
- Euroraum als Einheitszone entsteht.
- Steigende Arbeitslosigkeit.
- Kranken- und Rentenversicherung bieten weniger Leistung.

- Abnahme von Verantwortungsbereitschaft.
- Trend zu Fun.
- Abnahme „alter Werte" wie Treue.
- Weniger Einfluss durch Ethik/Religion.
- Größere Unterschiede zwischen arm/reich.

Abbildung 37

sich durch konkrete, anfassbare und verständliche Ziele. Am Beispiel Urlaub heißt dies, unter „wir fahren nach Europa" kann man sich weniger vorstellen als „wir fahren in 2 Jahren nach Sizilien und besteigen den Ätna".

Generell sollten Sie einiges beachten. Große Unternehmen glauben allein durch ihre Größe im Wettbewerb bestehen zu können. Diese oft überholte Glaubensgrundlage wird mit Abbildung 38 begründet.

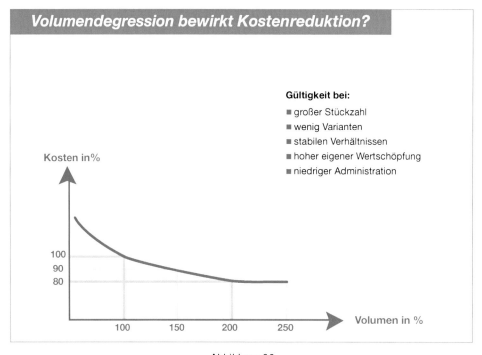

Abbildung 38

Das Zauberwort heißt Volumendegression. Diese Methode besagt, dass ein Unternehmen mit einem doppelt so großen Fertigungsvolumen in der Kostenposition einen Vorteil von 15 bis 20 Prozent hat. Begründet wird das mit einem höheren Erfahrungswert, mit besseren Einkaufskonditionen und mit effektiveren Abläufen. Theoretisch stimmt dies unter der Voraussetzung, ein Weltmarktprodukt anzubieten, das in einfachen Standards hochvolumig gefertigt werden kann. Dies führt dann zu dem Trend, irgendwo günstig eine Weltfabrik hinzustellen.

Es gibt nur wenige Branchen und Produkte, bei denen heute noch die Annahme der Volumendegression, wie sie in Lehrbüchern steht, stimmt. Die heutige Wirtschaftswelt ist nicht stabil, braucht vielfach die flexible Anpassung und möchte eine geringe Wertschöpfungstiefe (der Anteil der eigenen Veredelung am Endprodukt). Auch kleinere Unternehmen wissen im Einkauf richtig zu verhandeln. Außerdem, in mancher flexiblen Produktion mit teilweise kleinerer Wertschöpfung sind die Fertigungskosten günstiger als in einer großen Weltfabrik irgendwo auf der grünen Wiese eines Drittlandes. Sie müssen sehr kritisch prüfen, ob Ihr Produkt ein Weltmarktprodukt ist oder nicht. Wenn ja, sind dann auch die Fertigungs-Einzelkosten hoch? Wenn sie hoch sind, haben Sie einen Zwang zu großem Fertigungsvolumen. Sie fertigen ein Massenprodukt.

In solchen Fällen benötigen Sie hohe Marktanteile. Und wenn Sie hohe Marktanteile brauchen, verursachen Sie auch hohe Vertriebskosten. Umgekehrt gilt, wenn Sie sich hohe Vertriebskosten nicht leisten können und mit geringen Marktanteilen auskommen müssen, dann dürfen Sie kein Volumenprodukt herstellen. Abbildung 39 zeigt die Zusammenhänge.

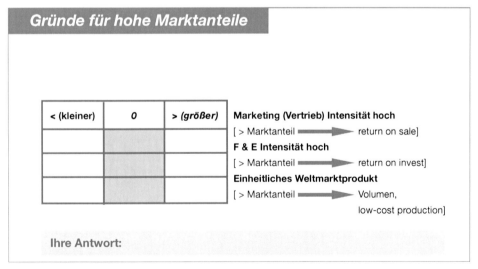

Abbildung 39

Wollen Sie einen hohen Marktanteil (MA) erreichen, dann brauchen Sie einen hohen ROS (Return on Sales) d. h. eine schnelle Amortisation Ihrer Vertriebsinvestitionen, vermutlich auch hohe F&E (Forschung und Entwicklungs)-Aufwendungen, also eine schnelle Amortisation der Entwicklungskosten. Wollen Sie einen hohen Marktanteil, dann brauchen Sie eine kapitalintensive „Low cost"-Produktion und schnelle Amortisation der Fertigungsinvestitionen. Sie müssen in all Ihren Prozessen die „Kostenführung" anstreben.

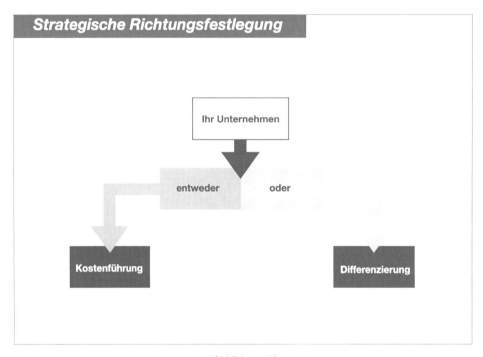

Abbildung 40

Wollen oder können Sie dies nicht, dann suchen Sie sich eine *Nische und verdienen dort gutes Geld.* Dies aber bedeutet, Sie müssen sich von Ihren Konkurrenten unterscheiden.

Differenzierungen werden von Menschen gelebt,
nicht von Produkten.

Sie brauchen in der Nische die Kreativität Ihrer Mitarbeiter in allen Prozessen. Sie verkaufen keine Massenware über niedrigste Preise.

Die meisten KMUs (kleinere mittlere Unternehmen) sind in diesen Nischen zu finden. Viele davon sind jedoch schwach im strategischen Marketing, was bedeutet, dass sie sich kaum von dem üblichen Wettbewerb unterscheiden. Ein qualitatives Marketing ist mitentscheidend, ob in der Nische gute Ergebnisse erzielt werden können.

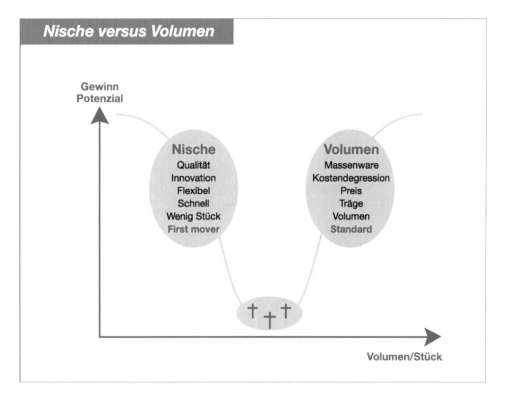

Abbildung 41

Für KMUs empfiehlt sich in der Regel die Differenzierung. Die Produkte haben hohen Kundennutzen, haben Ihren Preis am Markt (kein Verkauf über Niedrigstpreise) und sind innovativ.

*Eine wirkliche Innovation
ist mehr als nur eine technische Verbesserung.*

Auch mehr als der Beweis des technisch Machbaren. Eine Innovation erkennt man daran, dass das neue Produkt eine technisch bessere Lösung darstellt als die heutige. Sie bietet also Kundennutzen. Die Kosten sind um ca. 30 Prozent niedriger, was nicht unbedingt an den Markt weitergegeben werden soll, und die Handhabung wird einfacher. Für mich gehört auch ein positiver Beitrag zur Gesellschaft dazu. Dies kann sein, dass weniger Material verbraucht, weniger Energie benötigt oder auch einfach weniger Umweltbelastung verursacht wird.

Da diese Nischenfirmen meist extrem flexibel sind, oft auch eine niedrige Wertschöpfungskette und damit eine atmende Kostenstruktur haben, können sie durch große Unternehmen nicht gefährdet werden. Die Nische ist die intelligentere Geschäftsposition.

*Geist zählt mehr als Material,
schnelle Reaktion ist wichtiger als Routine.*[14]

Trifft dies für Sie zu, dann bedeutet das: Umgeben Sie sich mit kreativen, unterschiedlichen Menschen. Auch Sie selbst müssen kreativ sein. Sind Sie es nicht, sind Sie als Manager in einem großen Unternehmen besser aufgehoben.

Wenn Sie jetzt wissen, wie Ihre Firmenstrategie grundsätzlich aussieht, können Sie sich auf die weitere Zukunft konzentrieren. Wollen Sie „cost bester" sein, müssen Sie investieren, um Kosten zu senken. Auch Ihre Entwicklungsvorhaben müssen darauf ausgerichtet sein. Sie können nicht kundennutzenorientiert entwickeln und gleichzeitig die beste Kostenposition haben wollen. Das geht schief. Umgekehrt, wenn Sie einen Kundennutzen haben, brauchen Sie einen Verkauf, der dies auch argumentativ verkaufen kann, und das geht nicht über hohe Rabatte wie beim Massenprodukt. In diesem Sinne sind der Vertrieb, die

---

[14]   **Reinhard K. Sprenger**, Aufstand des Individuums, Campus Verlag, 2001

F&E und die Fertigung auszurichten. Sie brauchen in der Nische also kreative und motivierte Mitarbeiter und keine gehorsamen Verwalter.

Diese Verhaltensunterschiede sind der Grund, warum so wenige Firmen den Weg von der Nische zum Massengeschäft schaffen und umgekehrt. Es braucht dazu andere Menschen, um erfolgreich zu bleiben. Die notwendige Zeit wird Ihnen der Wettbewerb nicht freiwillig einräumen. Daher gehen die meisten Firmen, die dies versuchen, an sich selbst zu Grunde. In der Mitte der Wandlungsprozesse wird gestorben. Es empfiehlt sich, in der Nische zu bleiben, wenn Sie dort sind. Es empfiehlt sich, eine Nische komplett außerhalb der vorhandenen Struktur neu aufzubauen, wenn Sie aus dem Massengeschäft kommen.

All diese visionären und strategischen Überlegungen brauchen Sie nicht anzustellen, wenn Ihre Firma in einer monopolistischen Situation ist. In diesem Fall schwimmen Sie einfach mit den Wünschen Ihrer Kunden. Sie kalkulieren Ihre Kosten, addieren Ihren Gewinn und schon haben Sie den Marktpreis. Am Ende jedoch zahlt die Gesellschaft für Ihre Bequemlichkeit, weil sie einen überhöhten Preis bezahlen muss.

Was Ihnen – so Ihre Firma im Wettbewerb steht – noch fehlt, ist die Erfolgskomponente, das heißt: Erreichen Sie und Ihre Mitarbeiter die vorher vereinbarten Ziele oder nicht? Ziele können Sie als individuelle Ziele oder auch als Gruppenziele *vereinbaren*. Die Betonung liegt auf vereinbaren. Ziele, die nur vorgegeben oder verordnet werden, sind kaum akzeptiert. Sie müssen überzeugen. Sie müssen die Kreativität Ihrer Mitarbeiter zulassen, akzeptieren, dass einiges von den unmittelbar Betroffenen besser beurteilt werden kann als „von oben". Also vereinbaren Sie Ziele. Fragen Sie Ihre Mitarbeiter, was sie sich vornehmen wollen. Bedenken Sie: Das Individuum handelt aus eigenem Antrieb. Nutzen Sie die Chance, dass Menschen im und für das Unternehmen arbeiten wollen. Abbildung 42 zeigt ein Muster.

Ziele	Abschluss	Messgröße	Wirkung € Euro	Gewichtung in %	Erreicht ja/nein
A)					
B)					
C)					

_____   _____
(Unterschrift Vorgesetzter)   (Unterschrift Mitarbeiter)

Abbildung 42

Nehmen Sie maximal drei Ziele, das reicht. Jedes Ziel muss konkret und _einfach messbar_ sein. Ziele, die nicht messbar sind, taugen nichts und dienen lediglich dazu, hinterher zu begründen, warum sie nicht erreicht werden konnten. Fast alle Ziele sind konkret messbar. Legen Sie in der Vereinbarung fest, wie Sie den Erfolg, die Zielerreichung messen und wann das Ziel erreicht werden soll.

Vereinbaren Sie, dass Ziele nur erreicht oder nicht erreicht werden können. Dazwischen gibt es nichts. Es gibt nicht „ein wenig erreicht". Es gibt nicht „fast erreicht". Sie können also zum vereinbarten Zeitpunkt feststellen, ob ein Erfolg vorliegt. Hiermit sind wir bei der Verfolgung von Zielen. Das ganze Thema Zielvereinbarung ist nicht dazu da, damit Sie hinterher nachweisen können, dass die Mitarbeiter versagt haben, sondern es ist ein Instrument, um _gemeinsam_ das Ziel zu erreichen. Als Vorgesetzter tragen Sie Mitverantwortung dafür, dass

Ihre Mitarbeiter ihre eigenen Ziele erreichen. Sie haben hier zu unterstützen. Gute Vorgesetzte erkennt man daran, dass ihre Mitarbeiter die vereinbarten und ehrgeizigen Ziele auch weitgehend erreichen.

Dies bedeutet dreierlei:

1. Zielvereinbarungen müssen durchgängig sein. Sie fangen oben in der Hierarchie an und legen dort generelle Ziele fest. Diese sind meistens ergebnis- und strategisch-orientiert. Danach fragen Sie, welchen Beitrag die nächste Ebene dazu leisten kann und welche Ziele hier zusätzlich vereinbart werden können. Machen Sie es auch unbedingt umgekehrt. Formulieren Sie für und mit den Vorgesetzten auch Ziele der unmittelbaren Mitarbeiter. Der Vorgesetzte muss dann daran interessiert sein, dass die Mitarbeiter ihre Ziele auch erreichen. Nur so erhalten Sie die Konsistenz der Ziele im gesamten Unternehmen.

2. Verfolgen Sie die Ziele. Fragen Sie unterwegs nach dem Stand. Fragen Sie, was Sie tun können. Fragen Sie rechtzeitig, das zeigt Ihre Glaubwürdigkeit. Ziele, die von Vorgesetzten nicht verfolgt werden, waren auch nicht wichtig. Infolgedessen werden Mitarbeiter diese nicht mehr als hohe Priorität einstufen und weniger ernst verfolgen. Nur was nachgefragt und unterstützt wird und damit auch Konsequenzen hat, ist wichtig. Wer sagt, was er meint, und tut, was er sagt, ist glaubwürdig. Damit sind Sie selbst glaubwürdig und können Glaubwürdigkeit von Ihrer Umgebung verlangen.

3. Wann ist der richtige Zeitpunkt? Wenn Sie Ihre Budgetplanung für das laufende Jahr haben, wenn Sie wissen, welche Geschäftszahlen Sie planen, wenn Sie wissen, welche strategischen Ziele Sie dieses Jahr gedenken umzusetzen, dann haben Sie den richtigen Zeitpunkt. Dies ist der Zeitpunkt etwa 11 Monate vor Jahresabschluss.

Die Methodiker unter den Managern hören jetzt auf und meinen, es wäre genug getan. Die Mitarbeiter wüssten ja jetzt, was zu tun sei. Weit gefehlt. Es zeigt sich erst jetzt, ob Sie die richtigen Mitarbeiter an Bord haben. Wie gut waren Sie im Personalmanagement? Haben Sie sich genug Gedanken gemacht über die

Kompetenzen Ihrer Mitarbeiter? Haben Sie die richtigen Maßstäbe angelegt? Haben Sie genügend für die Weiterbildung investiert? Alles Fragen, die noch näher betrachtet werden. Spätestens am Ende des Geschäftsjahres wissen Sie, ob Sie es richtig gemacht haben.

Wurden sämtliche Ziele erreicht, sind Sie wahrscheinlich in einem Unternehmen ohne Konkurrenz am Markt. Es war nicht nötig, Ehrgeiz zu entwickeln. Die Abbildungen 43 und 44 mögen einen Anstoß bieten, kritisch zu hinterfragen, ob Sie an Ihre Mannschaft die richtigen Anforderungen gestellt haben.

Kompetenz: Aufgabenmanagement		
- verbesserungsbedürftig	0 anforderungsgerecht	+ übertrifft Anforderungen
▪ Entwickelt wenig anspruchsvolle Ziele, die sich kaum aus übergeordneten Zielen ableiten. ▪ Setzt nur einzelne dieser Ziele in konkrete Aufgaben, Prozesse und Projekte um. ▪ Erkennt selten oder zu spät, wann die Zielerreichung gefährdet ist.	▪ Entwickelt Ziele, die weitgehend aus übergeordneten Zielen abgeleitet sind. ▪ Setzt die wesentlichen Ziele in konkrete Aufgaben, Prozesse und Projekte um. ▪ Behält die wesentlichen Ziele im Auge; steuert bei Zielgefährdung nach.	▪ Entwickelt anspruchsvolle Ziele, die erkennbar aus den übergeordneten Zielen abgeleitet sind. ▪ Setzt alle Ziele in konkrete Aufgaben, Prozesse und Projekte um. ▪ Behält ständig alle Ziele im Auge; steuert konsequent nach, wenn die Erreichung nicht mehr gesichert ist.

Abbildung 43

Sie brauchen mehr als nur eine Zielvereinbarung. Sie müssen mindestens einmal im Jahr ausführlich und gezielt mit Ihren Mitarbeitern reden. Einen Leitfaden für ein Mitarbeitergespräch finden Sie im Anhang.

Kompetenz: Durchsetzungsfähigkeit

- verbesserungsbedürftig	0 anforderungsgerecht	+ übertrifft Anforderungen
■ Hat auch bei einfachen Themen Schwierigkeiten, seine Partner für seine Ideen zu gewinnen. ■ Nutzt seine formale Position, um Unternehmensinteressen durchzusetzen; engagiert sich nicht immer intensiv. ■ Setzt langfristige Projekte nicht immer durch. ■ Widerstände und Rückschläge wirken sich lange negativ aus.	■ Gewinnt Partner in der Regel für seine Themen; braucht dafür gelegentlich mehrere Anläufe. ■ Kann in der Regel Unternehmensinteressen fair durchsetzen, hält aber diesen fairen Stil unter Druck nicht immer durch. ■ Zeigt bei langfristigen Zielen und Themen gleichbleibendes Engagement. ■ Verarbeitet Widerstände und Rückschläge.	■ Kommuniziert kompetent, erfolgreich und glaubwürdig; sowohl in großen als auch in kleinen Gruppen. ■ Kann Unternehmensinteressen fair durchsetzen, bleibt auch in schwierigen Situationen fair und überzeugend. ■ Bewältigt langfristige Themen mit gleichbleibend hoher Energie. ■ Rechnet mit Widerständen und Rückschlägen und kann diese gut bewältigen.

Abbildung 44

Sie reden über die Verantwortungen, über die Erfolge auf Basis der Zielvereinbarung des letzten Jahres. Sie können besprechen, was weniger gut gelaufen ist, mit dem Ziel, die Verbesserungen zu erkennen. Sie reden darüber, wie Sie Ihre Mitarbeiter sehen, welche Potenziale sie haben. Hier ist *Ihre Wahrhaftigkeit gefragt,* nicht Ihre Gehorsamkeit oder Taktiererei. Sie definieren Maßnahmen, um den Mitarbeitern bei ihrer Weiterentwicklung zu helfen.

Danach wird es spannend. Jetzt geht es um ein weiteres Motivationselement, darum, ob Sie Erfolge auch teilen können. Jetzt wird sich herausstellen, ob Sie ein Stück Interessensbalance gestalten können. Ob und wie Raffgier im Unternehmen herrscht.

Wenn Mitarbeiter erfolgreich sind, dann war es das Unternehmen auch. Mitarbeiter, die ihre Ziele erreichen, haben zum zusätzlichen Erfolg Ihres Unternehmens beigetragen, sie haben den Gewinn über die Budgetplanung hinaus erhöht. Wie soll nun dieses Mehr verteilt werden? Ist dabei ausschließlich das Interesse der Aktionäre von Belang, werden diejenigen, die nicht arbeiten und im Unternehmen keine Verantwortung tragen, auch noch belohnt. Dann werden Ihre Mitarbeiter und deren Beiträge benutzt, *nicht gewürdigt.* Geben Sie besser vom Erfolg etwas ab. Tun Sie dies freiwillig. Dazu brauchen Sie keine Gewerkschaft, die möglicherweise eine Einheitssoße ausschütten möchte. Reden Sie mit Ihren Mitarbeitern.

Die Zielvereinbarung ist Ihr Instrument, um persönliche Leistung auch finanziell anerkennen zu können. Gleiches gilt für Gruppenleistung. Leistung anzuerkennen bedeutet, wie schon ausgeführt, sich vorher über Ziele geeinigt zu haben. Vorher definiert zu haben, was ein Erfolg ist. Vorher abgeklärt zu haben, wie und wann die Leistung gemessen wird. Schauen Sie sich noch einmal die Motivationswirkungen an und die Erkenntnis, dass Lohn alleine nicht genügt. Trotzdem: Geld gehört dazu!

Wie aber der finanzielle Erfolg halbwegs auf den Interessenten zu verteilen wäre, kommt später (Kap.4.2).

3.2 Gewinn, Sun Tzu, Wettbewerb, Produkte, Marktranking, Kunden, Marktanteile, Regionalfokus, Mitarbeiter-Vermögen in der Bilanz und G&V, Einkommen & Stufen, Lohngerechtigkeit

Wie verhält sich Ihre Firma, wo ist sie stark?
Welche Perspektive hat sie?

Was ist das Allerwichtigste in Ihrem Unternehmen? Vitalität. Dass es noch lebt! Viele jedoch liegen schon im Sterben, aber die Verantwortlichen erkennen es nicht. Das gilt übrigens besonders für die unmittelbar Betroffenen. Der Sterbeprozess geht *viel schneller* als gemeinhin angenommen. Zum rechtzeitigen Erkennen gehören unternehmerische Fähigkeiten kombiniert mit einem wahrheitsgetreuen Bild der Geschäftszahlen.

Laut verschiedenen europäischen Statistiken werden 50 Prozent aller Unternehmen nicht älter als 2 bis 4 Jahre. Hier haben wir also eine extrem hohe „Kindersterblichkeit". Der „plötzliche Kindstod" ist Normalität in der Wirtschaft. In dieser statistischen Erfassung sind sämtliche Unternehmen enthalten, große und kleine, Gewerbe, Industrie, Banken, Handel, private und öffentliche.

Nun, Ihr Unternehmen atmet noch gut, aber wie lange? Hier sagen die gleichen Statistiken: *Nur* ca. 1,5 Prozent aller Unternehmen erreichen ihren zwanzigsten Geburtstag. Sie sollten sich daher schon fragen, ob Sie sich in einem sterbenden Unternehmen engagieren wollen bzw. ob Ihre Firma für die nächsten 5 Jahre eine Zukunftsperspektive hat. Selbst ein hohes Firmenalter schützt nicht vor Insolvenz, Verkauf oder Übernahme. Eine lange Geschichte sagt lediglich aus, dass bis jetzt wenig falsch gemacht wurde. Sie sollten sich fragen, ob Ihr Unternehmen eine Perspektive hat, ob Sie persönlich auch eine haben und woran Sie diese glauben zu erkennen.

Geschäftszahlen sind dabei wichtig. Für jedes Unternehmen und für die gesamte Belegschaft sollte zuerst gelten:

Das Unternehmensziel ist Gewinn!
Gewinn ist nicht alles, aber ohne Gewinn ist alles nichts.

Ohne Gewinn ist tatsächlich alles nichts! Ein Unternehmen, das Verluste macht, wird zahlungsunfähig. Diese Unternehmen verbrauchen ihr Vermögen. Wenn erstmals Verluste auftreten, sollten *alle* im Unternehmen *extrem sensibel* werden, denn ändern sich die Prozessabläufe nicht kurzfristig, ist die Pleite nur eine Frage der Zeit. Vermögen weg, Firma weg! Ihre persönliche Perspektive weg!

Bedauerlicherweise wirkt hier das Trägheitsprinzip sehr zum Nachteil der Rettungsversuche. Beharrlichkeit – nach dem Motto „Das hatten wir schon mal, das wird auch diesmal nicht so schlimm sein" – ist die eigentliche Ursache vieler Unternehmenspleiten. Hinzu kommt bei etlichen einflussreichen Interessensverbänden im Umfeld die Unfähigkeit, das unternehmerische Handeln zu unterstützen. Hierzu gehören Gewerkschaften ebenso wie Banken, die meiner Erfahrung nach höchstens Ahnung vom Umgang mit Geld, aber kaum Ahnung vom Unternehmertum haben.

Wenn Ihr Unternehmen Gewinn macht und sich finanziell stabil präsentiert, bedeutet das noch nicht, dass die Visionen und Betrachtungen aus Kap. 3.1 Realität werden. Wie steht Ihre Firma im Wettbewerb da? Ist Ihre Vision eine wirkliche Perspektive oder nur ein irrealer Traum? Erfolgreiche Unternehmen beherzigen die jahrtausendealten Wahrheiten von Sun Tzu in Abbildung 45.

Es beruhigt zunächst nicht, wenn Sie bei der Einschätzung nach Sun Tzu meinen, Sie brauchten sich nicht zu fürchten. Was ist, wenn Sie sich irren? Bei der Einschätzung von Unternehmen ist es wie bei der Selbsteinschätzung der eigenen Person. Sie neigen dazu, sich selbst stärker zu sehen, als Sie sind, und verniedlichen Ihre Schwächen. Auch hier ist unbedingt eine Fremdeinschätzung erforderlich. Fragen Sie Ihren Kunden, Ihre Partner, wenn möglich Ihren Wettbewerber. Sie brauchen ein Rundum-Feedback.

Kompetenz: Durchsetzungsfähigkeit

Ohne **exzellentes Wissen** über
den Feind und **sich selbst** …

„Wenn Du den Feind kennst und Dich selbst,
musst Du auch hundert Schlachten nicht fürchten.
Wenn Du Dich selbst kennst, aber den Feind nicht,
wirst Du für jeden Sieg auch eine Niederlage einstecken.
Wenn Du weder den Feind kennst noch Dich selbst,
wirst Du in jeder Schlacht unterliegen."

… ist **kein Krieg zu gewinnen.**

SUN TZU
The art of war; China 500 B.C.

Abbildung 45

Ihre einzige Chance im Wettbewerb ist es, wenn Sie mit Ihrem Unternehmen wirklich besser sind. Das bedeutet, Sie profitieren von Ihrer eigenen Stärke, nicht einfach nur von der Schwäche der anderen. In einer wettbewerbsorientierten Wirtschaft sind die Spielregeln einfach:

Der Bessere wird gewinnen und wachsen,
der Schwächere wird eingehen.

Nutzen Sie Ihre Wachstumschance, diese gibt es im Markt immer, gerade auch in schwierigen Zeiten. Ob Sie schnell oder langsam wachsen, ist nur eine Frage, wo Sie hin wollen, wo Sie heute stehen und was Sie „vermögen".

Für den Ist-Zustand ist das Erkennen Ihrer Position im Wettbewerb wichtig. Eine pragmatische Hilfe bei der Gewinnung von Wettbewerbsdaten ist die Analyse von verlorenen Aufträgen. Glauben Sie nicht, dass es am Preis lag. Dies ist die Ausrede aller Kunden, wenn Ihr Kunde Ihnen keine andere Antwort mehr geben will. Nutzen Sie das Wissen Ihrer operativ tätigen Vertriebskollegen. Lassen Sie Abbildung 46 auf sich wirken.

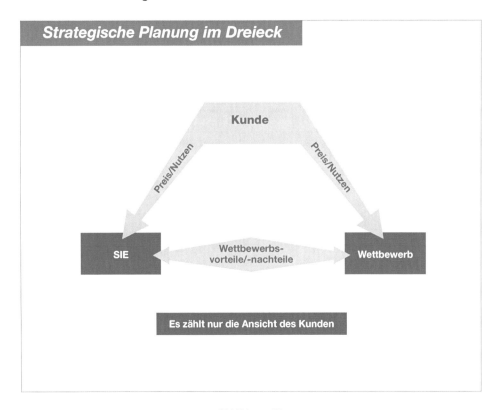

Abbildung 46

Wettbewerb bedeutet, dass mehrere Lieferanten um den Auftrag eines Kunden ringen. Der Kunde hat dabei mehrere alternative Lösungen, er wählt aus. Es ist daher nicht wichtig, welche Meinung Sie haben, sondern *ausschließlich die Ansicht des Kunden zählt.* Sie haben nur die Möglichkeit, über die Vorteile Ihrer Lösung den Kunden für sich zu gewinnen. Später werden wir sehen, dass das

Gewinnen eines Kunden auch nicht viel mit so genannten faktischen, realistischen Argumenten zu tun hat. Sie werden diese tatsächlichen Argumente aber brauchen, um sich zunächst einmal innerhalb des Wettbewerbs von Ihren Konkurrenten unterscheiden zu können.

Sie, und besonders Ihr Verkauf, müssen also Ihren Kundennutzen kennen. Sie müssen wissen, wie dieser Nutzen im Prozess Ihres Kunden wirkt, damit Sie die Gewichtung beurteilen können. Nur so können Sie es schaffen, den Kunden für sich zu gewinnen.

Für jede Produktreihe erstellen Sie am besten beiliegende Ausarbeitung.

Wo sind Sie besser als der Wettbewerb?

	+++	++	+
A			
B			
C			
D			
E			

Abbildung 47

Sie brauchen dabei nicht maßlos viele Argumente, *sondern wenige gute.* Sind Sie in der Industrie tätig, sammeln Sie nicht *nur* die technischen. Fragen Sie stets nach der Wirksamkeit Ihrer Produkte im Hinblick auf Ihren Kunden mit seinen Prozessen.

Mag sein, dass Ihr Gerät schneller ist, das interessiert dann Ihren Entwickler und eventuell auch noch jemanden mit einem technischen Beruf. Falls es jedoch dadurch möglich ist, die doppelte Menge zu fertigen, dann tun Sie sich leichter, gemeinsam mit Ihrem Kunden die direkten wirtschaftlichen Vorteile zu berechnen. Technische Vorteile müssen immer, direkt oder indirekt, eine wirtschaftliche Verbesserung in den Prozessen Ihrer Kunden zeigen, sonst steht die Beziehung auf einer ungesicherten Basis und bricht auch schnell wieder weg. Gehen Sie zunächst davon aus, dass Kunden untreu sind und um eines Vorteils willen bereit sind, den Lieferanten zu wechseln. Besser sein ist daher die Devise. Gute Beispiele für mehr Wirtschaftlichkeit können sein:

- Mehr Qualität -> höhere Langlebigkeit -> bessere Investmentrendite
- Mehr Geschwindigkeit -> höherer Ausstoß -> weniger Kosten je Einheit
- Genauer -> weniger Ausschuss -> niedrigere Stückkosten

Versuchen Sie für diese eigene Nabelschau die Wichtigkeit für Ihren Kunden zu bewerten. Tragen Sie die Position Ihrer Produkte in Abbildung 48 ein. Wenn Sie sich die Kundensegmentierung, wie etwas später in diesem Kapitel dargestellt, überlegt haben, prüfen Sie nochmals, ob Ihre Festlegungen für Ihre A-Kunden auch wirklich Bestand haben.

Die gleichen zwei Schritte machen Sie bitte auch für die nicht auf Produkten basierten Argumente. Beispiele sind hohe Flexibilität, weil Sie ein kleines Unternehmen, oder hohe Finanzkraft, weil Sie ein großes Unternehmen sind. So können Sie hoffentlich viel leichter Ihren Kundennutzen hervorheben. Wenn Sie einige „Wichtigkeiten für den Kunden" als klein einschätzen, dann fragen Sie sich, warum Sie diese Merkmale überhaupt realisiert haben. Sie können getrost darauf verzichten. Prüfen Sie bei Neuentwicklungen immer zuerst, wie

Sie in dieser Darstellung mit irgendwelchen Merkmalen liegen. Sie können gegebenenfalls viele Kosten sparen und „Fehlentwicklungen" vermeiden.

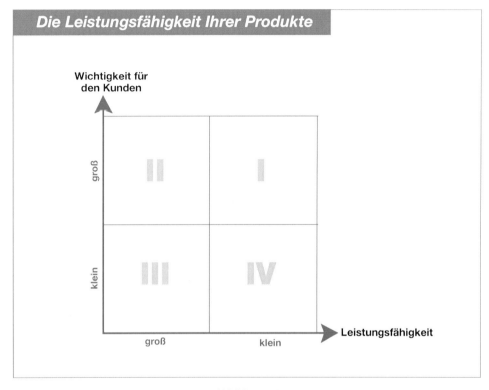

Die Leistungsfähigkeit Ihrer Produkte

Wichtigkeit für den Kunden

groß

klein

II

I

III

IV

groß

klein

Leistungsfähigkeit

Abbildung 48

Haben Sie viele große „Wichtigkeiten für den Kunden", nutzt Ihnen dies jedoch nichts, wenn Sie nicht wissen, wie Sie im Wettbewerb stehen. Prüfen Sie, wie Ihr gefährlichster Wettbewerber am Markt ankommt. Seien Sie äußerst kritisch, denn Ihr Wissen ist sicher nicht auf dem neuesten Stand. Für jedes Produktsegment sollten Sie Abbildung 49 ausfüllen.

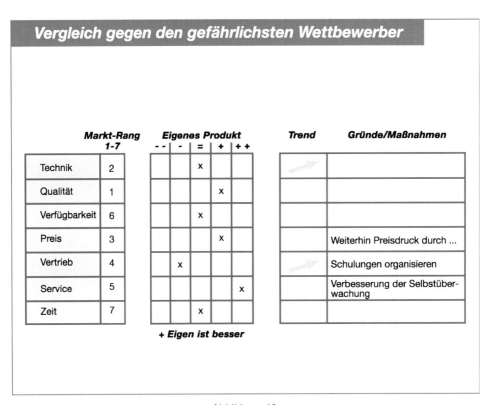

	Markt-Rang 1-7	Eigenes Produkt					Trend	Gründe/Maßnahmen
		– –	–	=	+	+ +		
Technik	2			x				
Qualität	1				x			
Verfügbarkeit	6			x				
Preis	3				x			Weiterhin Preisdruck durch …
Vertrieb	4		x					Schulungen organisieren
Service	5					x		Verbesserung der Selbstüber-wachung
Zeit	7			x				

+ Eigen ist besser

Abbildung 49

Überlegen Sie zunächst, welche Themen im Markt bedeutend sind, und sortieren Sie diese nach Gewichtung. Vergleichen Sie danach Ihr Unternehmen mit dem gefährlichsten Wettbewerber. So erfahren Sie Ihre Schwächen, Sie wissen, welche Faktoren am Markt wichtig sind und kennen Ihre Position. Sie können überlegen, was bis wann zu verbessern ist. Und vergessen Sie nicht, dass die Zeit weiterläuft. Denn auch Ihr Wettbewerber wird Überlegungen anstellen und sich verbessern. Dementsprechend müssen Sie bei großem Unterschied *nicht nachziehen, sondern überholen.* Und zwar schnell. Sind Sie in einem KMU, haben Sie zumindest alle Voraussetzungen für das richtige Tempo.

Jetzt kommt die Frage nach den Kunden. Hier schreiben Sie bitte keinen Firmen- oder Personennamen hin, sondern versuchen Sie die Funktion Ihrer Kunden zu erfassen. Abbildung 50 zeigt ein ausgearbeitetes Beispiel.

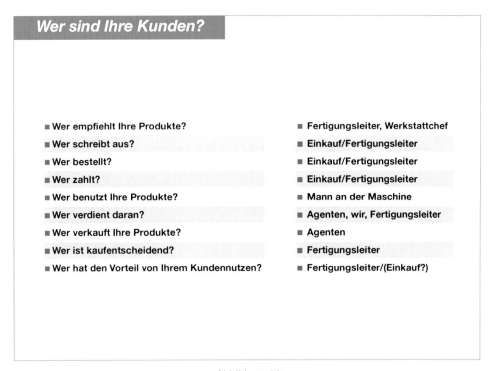

Wer sind Ihre Kunden?

- Wer empfiehlt Ihre Produkte?   - Fertigungsleiter, Werkstattchef
- Wer schreibt aus?   - Einkauf/Fertigungsleiter
- Wer bestellt?   - Einkauf/Fertigungsleiter
- Wer zahlt?   - Einkauf/Fertigungsleiter
- Wer benutzt Ihre Produkte?   - Mann an der Maschine
- Wer verdient daran?   - Agenten, wir, Fertigungsleiter
- Wer verkauft Ihre Produkte?   - Agenten
- Wer ist kaufentscheidend?   - Fertigungsleiter
- Wer hat den Vorteil von Ihrem Kundennutzen?   - Fertigungsleiter/(Einkauf?)

Abbildung 50

Zu beachten ist bei diesem Beispiel, dass hier der Mann an der Maschine derjenige ist, der unmittelbar die Eigenschaften des Produktes beurteilen kann. Er ist wichtig für die Meinungsbildung. Vom Kundennutzen der Produkte aber profitiert der Fertigungsverantwortliche des jeweiligen Produktsegmentes. Er ist die wichtigste Person, wenn es um die Kaufentscheidung geht. Die Verkaufsanstrengungen dürfen nicht auf den Einkauf konzentriert werden. Hier wird höchstens am Ende die Auftragsvergabe verhandelt.

Die Theorie besagt, dass Unternehmen danach streben, eine Monopolsituation zu erlangen. Meine Erfahrungen zeigen ein anderes Bild. Auch sehr erfolgreiche Unternehmen wollen oft nicht über einen gewissen Marktanteil innerhalb einer Region kommen. Eine gesunde Marktanteilgröße liegt zwischen 25 und 40 Prozent. Hier bleiben Sie noch wachsam, denn es existiert noch Wettbewerb. Ohne Wettbewerb schlafen Sie ein, werden irgendwann von einem neuen Wettbewerber überrascht und können kaum noch rechtzeitig reagieren. Außerdem: Je höher der Marktanteil ist, umso aufwändiger wird der Verkauf. Noch wichtiger dabei ist, dass Sie sich bei einem hohen Marktanteil Ihre Kunden kaum mehr aussuchen können.

Sie haben alle, diejenigen, die zu Ihnen passen, und diejenigen, die Sie nicht gebrauchen können.

Die Wirtschaftlichkeit Ihrer Firma verschlechtert sich. Die meisten Firmen sterben nicht an der Schwäche ihrer eigenen Prozesse, sondern an falschen Banken (siehe das Thema Eigenkapital, Kap. 4.2) und an falschen Kunden. Es ist daher von größter Bedeutung, Ihre Kunden zu segmentieren. Besitzen Sie bereits 25 Prozent Marktanteil, dann suchen Sie sich die Kunden heraus, mit denen Sie am besten können. Sie brauchen doch nur ca. 15 Prozent, maximal 30 Prozent aller Kunden. Die anderen lassen Sie links liegen. Die Kunden, die zu Ihnen passen, sollten Sie bestens bedienen. Auf diese Kunden müssen Sie Ihre Firma ausrichten. Für diese Kunden müssen Sie bereit sein, eine extra Nachtschicht zu fahren. Diese Kunden beliefern Sie immer pünktlich und vollständig.

Alle Menschen in Ihrem Unternehmen sollten wissen, wer diese so genannten *A-Kunden* sind, und sollten sich dann entsprechend verhalten. Diesen Kunden müssen Sie helfen, selbst stark zu werden, damit Ihre Firma stark durch die Stärke Ihrer Kunden wird. Nur mit diesen Kunden sollten Sie wachsen. Das nennt sich *Kundenorientierung.* Nicht zu verwechseln mit „lieb sein zu allen Kunden".

Ich kenne viele Unternehmen, die ihre Kundensegmentierung nur nach der Größe ausrichten. Das ist sehr gefährlich. Nicht nur die Preise sind dort oft schlechter. Dieser Kundenkreis spielt möglicherweise seine Machtposition Ihnen gegenüber aus. Sie werden abhängig und sind erpressbar. Prüfen Sie bitte nochmals, ob Ihre Produktmerkmale (Abbildung 49/50) zu Ihrer Kundensegmentierung passen.

Sie müssen sich logischerweise Gedanken machen über Ihren regionalen Auftritt. Kann Ihre Firma in gewissen Regionen noch wachsen? Wo haben Sie heute höhere Marktanteile?

In der Schweiz ist die Regionenbildung noch relativ einfach. Die Alpen und Sprachgrenzen sind für die Grenzziehung der Wirtschaftsregion stimmige Größen. Blickt man nach Deutschland oder Frankreich, wird dies schon nicht mehr so eindeutig. Die Einteilung Nord/Süd/West/Ost ist zwar einfach, stellt aber nur eine Zufallsfestlegung dar. Wichtig ist es, Zusammenhänge in der Region zu erkennen. Dies sind u. a. Sprache, Kultur, Geschichte, aber besonders die wirtschaftlichen Kompetenzen. Viele Regionen zeichnen sich durch eine gewisse ausgeprägte Kompetenz aus. Dies ist dann der Grund, warum sich gewisse Firmen mit bestimmten Tätigkeiten genau dort ansiedeln. Ein Beispiel aus der Schweiz ist die Uhrenindustrie. Hier haben die Schweizer eine lange Tradition in der mikromechanischen Bearbeitung; sie haben darin eine hohe Kompetenz entwickelt. Heute ist das Land eine gesuchte Gegend für die feinmechanische Bearbeitung. Deshalb siedeln sich Firmen an, die gerade diese speziellen Kompetenzen benötigen, unter anderem Firmen aus der medizinischen Technik.

Für Ihr eigenes Unternehmen müssen Sie wissen, wie stark Sie in einer Wirtschaftsregion sind. Haben Sie Marktanteile von 30 Prozent, dann pflegen Sie diese Regionen, aber forcieren Sie keinen Ausbau. Verstärken Sie sich lieber, wo Sie schwach sind und das Potenzial haben, demnächst auf 20 Prozent zu kommen. Analysieren Sie die Wettbewerbssituation in der Gegend, in der Sie stark sind, und bilden Sie eine Korrelation zu gewissen Kenngrößen, die für Ihr Geschäft mehr oder weniger zutreffend sind. Mit diesen statistischen Kenngrößen können Sie zunächst andere Regionen grob hochrechnen und Ihren potenziellen Marktanteil ermitteln. Sie erkennen dabei schnell Ihre Chancen und können Ihren regionalen Fokus definieren. Einige solcher Kenngrößenbeispiele zeigt Abbildung 51.

Marktdaten Regionen

Region	Einwohner (Mio)	(BSP in Mio $) GDP in $	Wachstum (GDP in %)	GDP/ Einwohner	Markt Eigen	Markt Fremd A	Markt Fremd B
A	10	240	2	23			
B	81	1796	2	21			
C	5	146	3	27			
D	5	135	4	26			
F	58	1338	2	22			
G	55	1217	3	20			
H	10	82	3	8			

Abbildung 51

Werten Sie Ihre regionale Liste z. B. nach Abbildung 52 aus. Legen Sie zuerst fest, was Sie in einer Region wollen. Sie werden später erkennen, ob die Umsetzung Ihres Vorhabens möglich ist.

Fokussieren Sie sich zunächst auf die Strategie- und Aufbauregionen. Für die neuen Konzeptregionen werden alternative Lösungen überlegt (Agenten, anderer Regionszuschnitt, Rückzug, neue lokale Partnerschaften, Firmenzukauf …).

Strategische Regionen **mit größeren Volumina > X Mio. sind:**

Nr. 1 [_____]   Nr. 2 [_____]

Nr. 3 [_____]   Nr. 4 [_____]

Diese Regionen werden gepflegt.

Aufbauregionen **(d. h. Volumen noch < Y Mio.) mit Potenzialen für X Mio. innerhalb 2 Jahren sind:**

Nr. 9 [_____]   Nr. 10 [_____]

In diesen Regionen müssen die Marktanteile erhöht werden.

Potenzielle Regionen

Nr. 6 [_____]   Nr. 7 [_____]

In diesen Regionen sind neue Konzepte für den Verkauf festzulegen.

Abbildung 52

Sie haben nun neben Ihrer Vision auch einen einigermaßen zuverlässigen Überblick über den Ist-Zustand Ihres Geschäftes am Markt. Das, was Sie für Ihr Unternehmen bis hierhin überlegt haben, ist vergleichbar mit dem, was Sie bei der Selbstanalyse in Kap. 2 geleistet haben. Es gilt ebenfalls 2 (Soll) vor 1 (Ist), wie in Abbildung 1 gezeigt.

Jetzt folgt die spannende Frage, ob Sie auch können, was Sie wollen (siehe hierzu noch einmal die Motivationsaussagen in Kap. 2 und für Ihr Unternehmen zusätzlich die Motivationsansätze von Abbildung 33). Nach einer früheren Aussage sind Motive nötig, um in Bewegung zu kommen, um das geplante Vorhaben umzusetzen. Hierbei scheitern die meisten Unternehmen.

Nicht an der Erkenntnis, was operativ zu tun wäre,
sondern an der mangelnden Motivationsfähigkeit.

Eine Firma, deren Mitarbeiter nicht motiviert sind, erstellt gerne mit diesen die operativen Planungen. Diese sind aber reine Makulatur. Es gibt zwar nicht den einen Königsweg zum Erfolg, es gibt mehrere, aber ohne motivierte Mannschaft gibt es gar keinen. Wie heißt es doch so schön:

„Unsere Mitarbeiter sind unser wertvollstes Gut."
oder
„Die Mitarbeiter sind unser Vermögen."
noch besser
„Der Schatz sind unsere Mitarbeiter,
wir müssen schauen, wo wir sie vergraben haben."

Wo erwarten Sie in Ihrem Unternehmen die Darstellung dieses wertvollsten Gutes? Klar, in der Bilanz des Unternehmens, dort wo das gesamte Vermögen ausgewiesen wird. Siehe Abbildung 53.

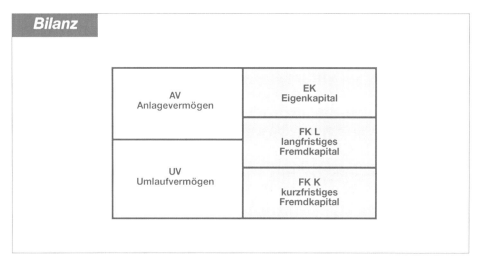

Abbildung 53

Die Bilanz ist eine wirtschaftliche Momentaufnahme. Die Zahlen gelten an einem Stichtag, d. h. am letzten Tag eines Geschäftsjahres. Die Kapitalseite – rechts – spricht wohl für sich. Links steht die Vermögensseite: Das Anlagevermögen ist der Buchwert (Kaufpreis minus Abschreibungen) aller Maschinen und Einrichtungen. Das Umlaufvermögen besteht aus allen Lager- und Warenwerten. Was vermissen Sie hier? Richtig, die gesamte Belegschaft. Sind die Mitarbeiter *doch kein Vermögen*?

Wieso finden Sie die Darstellung des Mitarbeitervermögens nicht in der Bilanz? Ich weiß, dies ist nicht üblich. Das machen Buchhalter nicht. Ich möchte trotzdem ein wenig mit Ihnen rechnen.

Unternehmen werden manchmal verkauft. Wie auch immer man den Firmenwert berechnet, es kommt zu einem Kaufpreis. Dieser Preis ist eine im Markt verhandelte Größe. Ist das Unternehmen gesund, ist der Preis hoch. Es wird mehr bezahlt, als die Bilanz rechnerisch zeigt, also mehr als das ausgewiesene Vermögen und auch mehr als das Aktienkapital. Das kaufende Unternehmen verzeichnet nach dem Kauf in seiner Bilanz einen Firmenbuchwert und dazu einen Goodwill. Zusammen ergibt dies den Kaufwert. Was ist also der Goodwill? Ein Kaufwertanteil, der buchhalterisch nicht erfasst werden konnte. Es ist der Anteil am Kaufpreis – für Image, Brandname, für den strategischen Mehrwert – über das buchhalterische Vermögen hinaus. In einem wirtschaftlich gesunden Unternehmen steht dieser Mehrpreis für die Leistungserwartung gegenüber den Mitarbeitern.

Zurück zum Anlagevermögen. Die Produktion will geplant sein. Die Maschinen müssen nach einer gewissen Zeit erneuert, also wiederbeschafft werden. Diese in der Zukunft liegende Anschaffung wird Wiederbeschaffungswert genannt. Daraus resultiert für die heutige Kalkulation ein Kostenzuschlagsfaktor.

Nehmen wir unser Musterunternehmen mit einem Gesamtvermögen von 100 Mio. Euro. Darin ist der Buchwert der Maschinen ca. 20 Mio. Euro. Der Wiederbeschaffungswert liegt bei ca. 60 Mio. Euro. In dieser Produktion arbeiten ca. 500 Mitarbeiter.

Was ist wohl der Wiederbeschaffungswert dieser Mitarbeiter? Was wäre denn wohl der Buchwert? Bei dem Wiederbeschaffungswert können wir pro Mitarbeiter von ca. einem Jahresgehalt (Kosten für: Anwerbung, Ausbildung, Einarbeitung ...) ausgehen. Das macht dann grob ca. 30 Mio. Euro. Also, in etwa die Hälfte des Anlagevermögens. Da die Wiederbeschaffungszeiten und die Mitarbeiterfluktuation in Europa denen des Maschinenparks gleichen, dürfte sich der Buchwert auch auf ca. 30 Prozent des Wiederbeschaffungswerts der Mitarbeiter belaufen. In der Bilanz müsste also zusätzlich ein Buchwert des Personalvermögens von ca. 10 Mio. ausgewiesen sein. Diese wirtschaftliche Zahl hätte ich gerne für die Vermögensbedeutung der Mitarbeiter in der Bilanz ausgewiesen.

Was sollte meiner Meinung nach das Unternehmen für die Wiederbeschaffung des Personals tun? Zunächst sollte es in die Weiterbildung und Qualifizierung der Belegschaft investieren. Vielleicht wird auch in Analogie zu der Maschinenwartung ein vorsorgliches Gesundheitskonzept verfolgt? Mein Anspruch ist, dass die Erhaltung des Personalvermögens im Prinzip nicht schlechtergestellt wird als das Anlagenvermögen. Die Firmen scheinen zunehmend zu vergessen, dass der heutige Wettbewerb nicht über das Portfolio von Produkten, sondern über die Kompetenzen der Mitarbeiter entschieden wird. Rechnen Sie einmal den kalkulatorischen Zinssatz für diesen Personalansatz in Ihrer Firma aus und vergleichen Sie diesen mit der Wirklichkeit. Sie werden voraussichtlich erkennen, dass in Ihrem Unternehmen die Maschinen in der Kalkulation eine wesentlich höhere Gewichtung haben als Ihre Mitarbeiter.

Dieser Trend nimmt wieder zu, weil auf dem heutigen Arbeitsmarkt viele gut ausgebildete junge Leute verfügbar sind. Es wird wirtschaftlicher, alt durch jung mit geringerem Einkommen zu ersetzen. Aus- und Weiterbildung können eingespart werden, wenn der Nachschub leicht besorgt werden kann. Der Wiederbeschaffungswert der Mitarbeiter sinkt in dieser Situation.

Suchen wir noch einmal nach der Bedeutung der Belegschaft, und zwar in der Gewinn-und-Verlust-Rechnung. Siehe Abbildung 54.

Gewinn und Umsatzrechnung

Umsatz	100	
- Material	20	
- Fertigungsaufwand	35	
= Bruttoergebnis	45	
in % v. Umsatz		45%
F&E Kosten	10	
in % v. Umsatz		10%
Vertriebskosten	10	
in % v. Umsatz		10%
Verwaltungskosten	5	
in % v. Umsatz		5%
+/- sonstige Aufwendungen	10	
EBIT	10	

Der Personalaufwand beträgt ca. 50%

Abbildung 54

Unter Material werden die Fremdaufwendungen erfasst, d. h. Ausgaben in der Beschaffung, im Einkauf. Je mehr angeschafft wird, desto weniger produziert die Firma selbst. Je höher die Einkaufkosten, desto wichtiger die Abteilung Einkauf.

Der Fertigungsaufwand – hier 35 Prozent – besteht etwa zu 90 Prozent aus Personalkosten. Gleiches gilt für Entwicklung und Verkauf. Das bedeutet, unsere Musterfirma hat Personalkosten von etwa 50 Prozent, was eine übliche Größe für ein europäisches Rechenexempel dieser Branche mit eigener Fertigung darstellt.

Stellen Sie sich vor, Sie könnten die Personalkosten um 10 Prozent senken, dann stiege das Endergebnis um 50 Prozent (von 10% auf 15%). Erst dann hätten wir hier in dieser Branche eine gesunde Firma mit einem EBIT (Gewinn vor Steuerabgaben und Zinsen) von 15 Prozent. *15 Prozent sind in etwa nötig, um eine ordentliche Rendite für das Eigenkapital zu erwirtschaften, die Zinsen zu zahlen und über Geld für die Zukunftssicherung des Unternehmens zu verfügen.*

Was also tun Sie, um ein EBIT von 15 Prozent zu erreichen? Gehälter senken? Weniger arbeiten lassen und Gehälter anpassen? 5 Prozent der Mitarbeiter entlassen? Welche Schritte ergreift ein Unternehmen mit Personalkosten von 50 Prozent, einem Personalvermögen von 10 Mio. Euro, einem Personalwiederbeschaffungswert von 30 Mio. Euro und mit 500 Mitarbeitern in der Fertigung?

Wenn Ihre Firma gut ist, wenn Sie gut sind, können Sie wachsen, dazu müssen Sie Ihre Vision, wie aufgezeigt, umsetzen.

Diese Vorgehensweise braucht einen etwas längeren Atem, bringt dafür eine anhaltende positive Wirkung. Müssen Sie schnell Quartalszahlen optimieren, dann geht es natürlich mit erhöhtem Druck an die Reduzierung der Mannschaft heran. Das ist zwar meistens nicht anhaltend in der Wirkung, ist dafür aber simpler und braucht weniger Anstrengung. Wenn Sie sich jedoch rechtzeitig beruflich verändern, dann …

Wenn Ihr Unternehmen schon etwas älter ist, können wir generell davon ausgehen, dass im Personalbereich ein Einsparpotenzial von 15 bis 20 Prozent liegt. Theoretisch lässt sich das EBIT in etwas verdoppeln (von 10% auf 20%). In einigen Ländern geht das mit „hire and fire" billig und schnell. Ja, manchmal passt das sogar zu der dort gelebten Kultur.

Besonders in Europa funktioniert das so jedoch (noch?) nicht. Es passt nicht zu der hier gelebten Firmenkultur, nicht zu den europäischen Werten, es ist wider die europäische Mentalität und Ethik. Falls überhaupt, dann ist es diese Lösung, die erwogen wird, wenn alle anderen Möglichkeiten erschöpft sind. Darüber hinaus ist sie meist teuer. „Europäischer" dagegen ist das Interesse

an anhaltender Geschäftsentwicklung. Nutzen Sie dazu die Wachstums-
potenziale, die auch in schwierigen Zeiten da sind.

Wenn Sie Aussagen wie „Die Mitarbeiter sind unser Vermögen" ernst nehmen,
wenn Sie eine Firma wollen, deren Mitarbeiter motiviert sind, damit die erstellte
operative Planung keine Makulatur ist, dann müssen Sie motivieren. Dann
müssen Sie die Menschen erreichen. Ehrlichkeit ist dabei der einzige richtige
Weg, besonders in sensiblen Bereichen (z. B. Förderungen). Hierzu gehört
Offenheit über Zielvereinbarungen mit konkret messbaren Größen, aber auch
Klarheit über die Einkommenspflege im Unternehmen.

Machen Sie eine Darstellung aller Einkommen ähnlich wie in Abbildung 55
dargestellt.

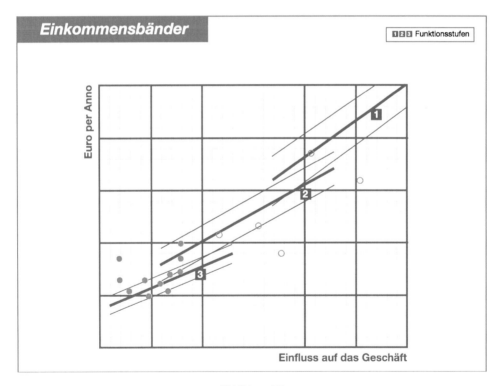

Abbildung 55

Teilen Sie Ihre Mitarbeiter in drei Stufen ein. Obere, mittlere und untere Ebene. Mehr braucht es nicht. Es gibt am Markt einige methodische Systeme, die hierbei hilfreich sein können. Leider sind diese Systeme alle ziemlich kompliziert, da zu komplex und zu detailliert. Gemeinsam ist allen das Prinzip der Stufenermittlung. Es wird einerseits eingeteilt nach dem Einfluss, die eine *Position* (sehen Sie nur die Gewichtung der Positionen und nicht den Stelleninhaber) auf die Organisation hat, nach der Verantwortung und nach der Komplexität der Problemlösung, die an die jeweilige Aufgabe gestellt wird. Sie erhalten jeweils abgestuft eine Punktzahl.

Sind Ihre Hierarchiestufen einigermaßen korrekt, dann haben Sie eine Führungsbreite von 5 bis 15. In unserer Musterfirma besteht die oberste Ebene aus drei Personen, die mittlere aus 35 und die unterste aus 500 Mitarbeitern. Es gibt nur drei Hierarchiestufen. Mehr Stufen sind im Unternehmen – selbst großen – nicht nötig. Sind bei Ihnen mehr Stufen, dann haben Sie wohl viel überflüssige Bürokratie und viel unnötige „Scheinkontrolle". Bürokraten und Kontrolleure schaffen in Unternehmen jedoch keinerlei Mehrwert. Hier können Sie ganz schnell Kosten sparen und Ihre Prozesse verbessern.

Waagerecht tragen Sie die Gewichtung der Position ein, senkrecht das Jahreseinkommen. Abbildung 57 zeigt Ihnen dann, ob Sie in der Einkommensgestaltung *fair sind.* Die Einkommen sollten innerhalb eines Toleranzbereiches von ca. 5 bis max. 10 Prozent ins System passen. Dies ist die individuelle Anerkennung für die Qualität der Arbeit der betroffenen Person. Sprich, ob der Mitarbeiter die Arbeit gut oder sehr gut erledigt.

Dort, wo Sie außerhalb der Toleranz liegen, haben Sie einen Korrekturbedarf. Hier ist Personal mit der Zeit zu hoch oder zu niedrig eingestuft worden (War der Mitarbeiter vielleicht sehr lieb zu seinem Vorgesetzten? Oder wurde Unbequemlichkeit bestraft?). Mitarbeiter im oberen Teil des Toleranzbereiches sollten besser sein als jene, die in der Mitte liegen. Mitarbeiter im unteren Bereich sind für ihre Aufgaben geeignet, könnten aber noch wachsen. Mitarbeiter, die für ihre Aufgabe ungeeignet sind, passen generell nicht in diese Darstellung. Hier müssen Sie entweder die passende Aufgabe vergeben oder sich von diesen Mitarbeitern trennen. Dass ältere Mitarbeiter etwas höher eingestuft werden als jüngere, soweit sie vergleichbare Tätigkeiten ausüben, ist gerecht, weil das Alter aufgrund der Erfahrungskurve normalerweise eine höhere Effektivität und Qualität hervorbringt.

Haben Sie den Mut, Ihren Mitarbeitern diese Kurven zu zeigen. Sagen Sie, dass Sie Abweichungen festgestellt haben und diese Ungerechtigkeit in beide Richtungen beseitigen werden. Abbildung 55 zeigt lediglich, ob Sie innerhalb der Firma eine Einkommensgerechtigkeit als Basis haben. Die jeweiligen Einkommen können zusätzlich mit Firmen aus der gleichen Branche, der gleichen Region verglichen werden. Dann wissen Sie, wo Sie stehen.

Damit hätten Sie nun eine gerechte Einkommensstruktur. Eine Grundvoraussetzung für den unternehmerischen Erfolg, Menschen motivieren und Businesspläne realisieren zu können. Eine Grundvoraussetzung dafür, überhaupt daran zu denken, ein „selbst lernendes" Unternehmen zu werden.

3.3 Personalmanagement, Sozialkompetenz, Personalauswahl, Produktlebenszyklus, Marktposition, Kernkompetenzen, SWOT & Riskmanagement

Was ist Ihr persönliches Risiko/Ihre persönliche Chance?
Was ist das Unternehmensrisiko/die Unternehmenschance?

Welche Absichten verfolgt Ihr Personalmanagement? Wie erkennen Sie, ob dieser Bereich in Ihrer Firma funktioniert? An den Taten. Aber weiß das Personalmanagement auch, was seine Aufgabe ist? Es gibt große Unterschiede im Selbstverständnis. Viele dieser Abteilungen verstehen sich als Personal-Administration, d. h. als Buchhalter und Verwalter für Personaldaten. Als wichtigste Aufgabe sollte sich das Personalmanagement jedoch vornehmen,

„die richtige Person an den richtigen Platz zu bringen".

Es gibt meiner Erfahrung nach kaum schlechte Mitarbeiter, es gibt aber viele schlecht *eingesetzte* Mitarbeiter. Die Menschen sind (fast) immer die Richtigen. Wenn es Probleme mit dem Personal gibt, sind meistens die Organisationen und die Strukturen falsch. Oder aber die Firmenkultur passt nicht.

Das Personalmanagement lässt sich nicht delegieren, es ist Chefsache. Ist das bei Ihnen nicht der Fall, sollten Sie sich besser eine andere Firma suchen. Denn Ihr Führungsstab kümmert sich nicht ausreichend um die wichtigste und meist teuerste Ressource eines Unternehmens: das Personal. Derartige Firmen wollen keine Menschen als Belegschaft, sie suchen Maschinen. Oder wie drückte *Henry Ford* es einmal aus:

„All I want is a good pair of hands;
unfortunately I must take them with a person attached."

Bekannterweise ist die umfassende Qualifikation der Mitarbeiter der größte Erfolgsfaktor im Wettbewerb. Alles beginnt mit der Wahl der richtigen Mitarbeiter. Ein gutes Personalmanagement wird sich daher bei Neubesetzungen an folgenden Ablauf halten:

- Ermittlung des Stellen*anforderungsprofils*, besonders soziale und persönliche Kompetenzen betreffend
- Erstellung von *Stärken*-und-*Schwächen*-Profilen der Bewerber
- Prüfung, ob die *Werteorientierung* des Bewerbers übereinstimmt mit jener des Unternehmens
- Abgleich der Anforderungs- mit den Bewerbungsprofilen
- Erfolgskontrolle binnen 6 Monaten und konsequentes Handeln bei Fehlentscheidungen
- Für junge Menschen mag gelten, dass Edelsteine erst glänzen, wenn sie geschliffen sind.

Schauen Sie sich den Umgang mit Neubesetzungen in Ihrer Firma an, und Sie wissen, welche Bedeutung *auch Sie* für das Unternehmen haben. Sind Sie eine Personalnummer oder ein Mensch und wertvoller Mitarbeiter? Ich gebe zu, die europäische Mentalität in diesem Bereich gleicht immer mehr dem Henry-Ford-Zitat.

Sehr wenige Unternehmen und noch weniger Vorgesetzte sehen es als ihre Aufgabe an, Menschen sich gemäß ihren Fähigkeiten entwickeln zu helfen und dabei eine aktive, scheinbar uneigennützige Rolle zu spielen. Viele kommen einfach nicht so recht aus ihrem Konkurrenzkampfdenken heraus. Sie wollen gute Leute kleinhalten und neigen dazu, mit deren Erfolgen glänzen zu wollen. Der eigene Beitrag als Chef scheint ja doch so groß. Das eigene Ego ist dann wichtiger als die Interessen der Firma. Verdrängt ist die Erkenntnis, dass nur mit guten Leuten der Wettbewerb bestanden wird. Von dieser Art Vorgesetzten müssen Sie sich schlicht trennen.

Sie sollten – vor allem wenn Sie jung sind – versuchen, Mentoren zu finden. Ein Coach, der hilft, ist sehr nützlich. Mentoren gibt es überall. Überzeugen Sie diese Menschen durch Ihre Leistung, durch kreative Ansätze, zeigen Sie Charakter. Diese Vorgehensweise erzeugt eine anhaltende Wirkung für Sie.

Es geht auch anders: Schmeicheln Sie sich ein wenig ein. Oder ist doch Gehorsamkeit für Sie die bessere Methode? Nach dem Motto:

„Systemkonformität pflastert den Weg
vom Koffer- zum Entscheidungsträger."[15]

Wenn Sie zu der Leitung gehören, müssen Sie sich fragen, ob Sie die richtigen Mitarbeiter mit der nötigen fachlichen Kompetenz haben. Haben Ihre Mitarbeiter die nötige methodische Kompetenz? Was sagt Ihr strategisches Marketing dazu? Sie müssen vorher aus der Strategie abgeleitet haben, welche Kompetenzen Sie an Bord brauchen. Sollten Sie sich für eine Wachstumsstrategie entschieden haben, sind möglicherweise zusätzliche Kompetenzen nötig. Und vor allem: Was sagt Ihnen Abbildung 56?

Haben Sie Mitarbeiter mit der nötigen sozialen Kompetenz?

	++	+	0	-	- -
Sie akzeptieren sich gegenseitig					
Sie gehen vertrauensvoll miteinander um					
Sie zeigen Gefühle					
Sie tragen Risiken gemeinsam					
Sie helfen einander					
Sie sind frei von Ängsten im Umgang miteinander					
Sie praktizieren Ehrlichkeit, Offenheit, Fairness					
Sie fühlen sich eingebunden					
Sie haben Vertrauen zueinander					
Sie sind ein Hochleistungsteam					
Sie arbeiten auf das gleiche Ziel hin					
Sie haben Spaß an der Arbeit					

Abbildung 56

[15] **Reinhard K. Sprenger,** Aufstand des Individuums, Campus Verlag, 2001

Sollten Sie, was wahrscheinlich ist, in den sozialen Kompetenzen Schwächen im Unternehmen haben, dann müssen Sie sich auf einige Jahre einstellen, bis geplante Veränderungen greifen. Kurzfristige Erfolge gibt es in diesem Humanbereich nicht. Haben Sie im Unternehmen keine Schwächen im Bereich der sozialen Kompetenz, dann sollten Sie sich nochmals kritisch mit der Aussage *Kierkegaards* beschäftigen, der da zwei Möglichkeiten für Sie offen lässt.

Man glaubt an etwas, das nicht so ist.
Oder
Man weigert sich, an etwas zu glauben, das so ist.

Können Sie möglicherweise nicht loslassen? Klar, wenn Sie emotional stark mit Ihrer erfolgreichen Vergangenheit verbunden sind, ist es schwierig, Neues zuzulassen. Klammern Sie sich nicht an den Erfolg von gestern, bis es zu spät ist. Auch Unternehmer verfügen über eine Reihe vorgefertigter Meinungen, die auf Beobachtungen im geschäftlichen Umfeld beruhen. Ändert sich das Umfeld schnell und gravierend, so können die vorgefertigten Meinungen die Existenz des Unternehmens bedrohen.

Wo liegt, meinen Sie, der Änderungsbedarf bei Ihnen und was wollen Sie stärken? Die fachlichen oder methodischen Kompetenzen? Oder doch etwas mehr die sozialen Kompetenzen und damit das Miteinander?

In unserer Informationsgesellschaft arbeiten die meisten Menschen mit Menschen zusammen. Die Schnittstelle, die über Produktivität und Wachstum entscheidet, ist eine zwischen Menschen. In den Menschen, nicht in den Dingen liegen die wirklichen Vermögenswerte. Wenn Sie einen Mangel an sozialen Kompetenzen in der Firma haben, Ihre Leitung aus reinen Machtmenschen besteht mit Kommando und Gehorsam, dann stoppen Sie Ihre Überlegungen und suchen sich besser eine neue Aufgabe anderswo. Veränderungen in der sozialen Kompetenz werden in dieser Firma nicht geduldet.

Wenn Sie Personalverantwortung tragen, dann erinnern Sie sich, dass es kaum schlechte Mitarbeiter, sondern höchstens schlecht eingesetzte Mitarbeiter gibt. Sie selbst tragen die Verantwortung dafür, dass Ihre Mitarbeiter an der jeweils richtigen Stelle eingesetzt sind. Einigermaßen gerecht werden Sie dem Anspruch nur, wenn:

- Sie die Fähigkeiten und Eigenschaften der Mitarbeiter betrachtet haben
- Sie wissen, welche Werte und Leitlinien in Ihrer Firma gelten sollen
- Sie beschlossen haben, dass das Personalmanagement Ihre eigene Aufgabe ist, die Sie nicht delegieren können
- Sie ständig vor Augen haben, dass die Entwicklung von Menschen als dynamischer Prozess zu sehen ist

Zusätzlich empfehle ich noch, die Frage nach dem Fleiß und der Intelligenz zu beantworten. Abbildung 57 zeigt dies in einer Matrix.

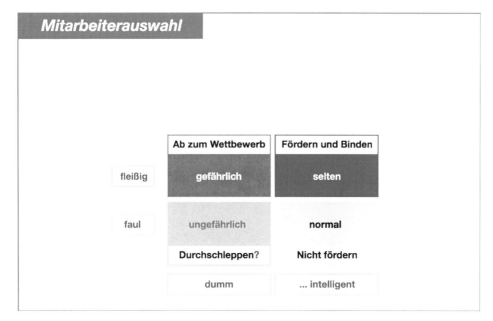

Abbildung 57

Dummheit ist nach Kants Definition der „Mangel an Urteilskraft" – oder nach Schopenhauer ein „Mangel zur unmittelbaren Auffassung der Verkettung von Ursache und Wirkung, Motiv und Handlung".

Es gibt Dumme, die faul sind, und Dumme, die fleißig sind. Es gibt Intelligente, die faul sind, und Intelligente, die fleißig sind. Ein intelligenter fauler Mensch ist normal. Schließlich verhilft ihm die Intelligenz dazu, mit möglichst wenig Aufwand Hürden und Barrieren zu überwinden. Ein dummer fauler Mensch ist ungefährlich. Vielleicht haben Sie Prozesse, bei denen der Einsatz solcher Menschen möglich ist. Zur Leitung sollte er aber nicht gehören. Ein dummer fleißiger Mensch, dazu noch mit viel Eigeninitiative, ist gefährlich, da unkalkulierbar und unberechenbar. Diese Mitarbeiter müssen Sie loswerden. Am besten an die Konkurrenz. Seltener sind Menschen intelligent und fleißig. Diese Menschen sollten Sie an sich binden und fördern. Aber Vorsicht! Schauen Sie auf die Werte-Matrix. Passt der Betroffene auch zu Ihrer Firmenkultur? Handelt es sich hier auch nicht um einen Opportunisten? Oder einen Rattenfänger? Um das herauszufinden, bringen Sie diese Leute in Stresssituationen. Packen Sie drauf.

Nur an der Grenze der Leistungsfähigkeit zeigt sich der wahre Charakter.

Wenn Sie eines dieser selteneren menschlichen Exemplare in Ihrer Firma haben: intelligent und fleißig, mit einwandfreiem Charakter und mit zu Ihnen passenden Werten, gibt es nur eins: Pflegen Sie, fördern Sie, coachen Sie und öffnen Sie ihm alle Türen.

Abbildung 58

Prüfen Sie dann nur noch, ob Sie es mit Typus Nr. 3 aus Abbildung 58 zu tun haben.

So weit zur Überlegung, ob Sie in Ihrer Umgebung in der richtigen Mannschaft, im richtigen Team sind. Zum richtigen Team gehört noch die Mischung des Alters. Sie brauchen Jung und Alt. Die Leistungsfähigkeit des Gehirns, trotz weit verbreiteten Jugendwahns, ist gleich. Die Vorgehensweise im Denken ist unterschiedlich. Junge Menschen denken zwar etwa zweimal schneller als ältere, brauchen aber für die gleiche Lösung etwa die doppelte Anzahl von Lösungsansätzen. Der Ältere ist also effizienter, weil seine Erfahrung, seine Intuition ihm dabei helfen, nur die Hälfte der Varianten durchdenken zu müssen. Die andere Hälfte der Varianten wird im Frühstadium schon verworfen. Wollen Sie eine optimale Teamleistung, mit einerseits der Durchdringung vieler Möglichkeiten, andererseits mit machbaren schnellen Resultaten, dann brauchen Sie jung und alt. Nur so erhalten Sie schnell Klarheit über Chancen und Risiken.

Jung und alt brauchen Sie auch, wenn Sie die richtige Produktmischung haben wollen. Mit den älteren Produkten werden Sie *heute* Gewinne machen, mit den jüngeren machen Sie erst morgen Gewinne. Sie sollten also überprüfen, ob Ihre Firma mit der Produktpalette eine Zukunft hat. Schauen Sie sich die Darstellung auf der Lebenszykluskurve in Abbildung 59 an.

Links sind Produkte, die sich noch in der Entwicklungsphase befinden. Diese sind für Sie im Moment ohne Bedeutung. Nach der Entwicklung erfolgt die Markteinführung (A). Produkte, die an dieser Stelle stehen, haben ein sehr großes Wachstumspotenzial, bedürfen eines erhöhten Aufwandes im Vertrieb und Marketing und liefern kaum einen Ergebnisbeitrag. Am Anfang ist auch noch mit Anlaufproblemen aller Art zu rechnen.

Danach kommt die Wachstumsphase (B). Die Produkte, die hier wachsen, haben nirgendwo besondere Probleme, müssen gut gepflegt werden und liefern einen ordentlichen Gewinn. Auf dem Gipfel der Kurve geht ein Produkt in die Reifephase über (C, D). Produkte in dieser Phase verursachen wenig Kosten und liefern gute Gewinne. Die kritische Frage ist hier: Wie lange noch? Ein

Nachfolgeprodukt sollte sich schon in der Pipeline befinden. Danach kommen die Produkte, die noch aus Gewohnheit da sind. Manchmal wurde vergessen, die Produktion einzustellen (E, F). Selten wird hier noch ein Gewinn erzielt. Bild 59 zeigt ein konkretes Beispiel. Die Größe der Kreise steht stellvertretend für die Umsatzhöhe im Unternehmen.

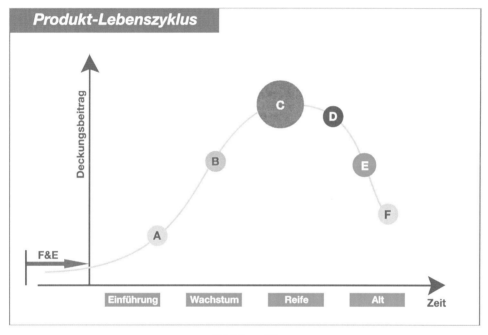

Abbildung 59

Ist unsere Musterfirma richtig aufgestellt? Hat sie Zukunft? Sie hätte gut daran getan, Produkt B erst gar nicht auf den Markt zu bringen. Was hat hier versagt? Welche Einschätzung war warum falsch? Was macht unser Musterunternehmen mit dieser Erkenntnis? Was lernt es daraus? Mit dem Ergebnis von C wird die Markteinführung von A finanziert. Hoffentlich steigt A so schnell am Markt, dass die Umsatzabschmelzung von E und F aufgefangen werden kann. Die Firma aus unserem Beispiel hat maximal zwei Jahre Zeit, ihr Produktportfolio zu verändern. Sonst? Sie wissen schon: *„Der Wettbewerb wird es schon richten."*

Die gleiche Darstellung, erweitert um die Frage nach Gewinnchancen und ob investiert werden muss, zeigt Abbildung 60.

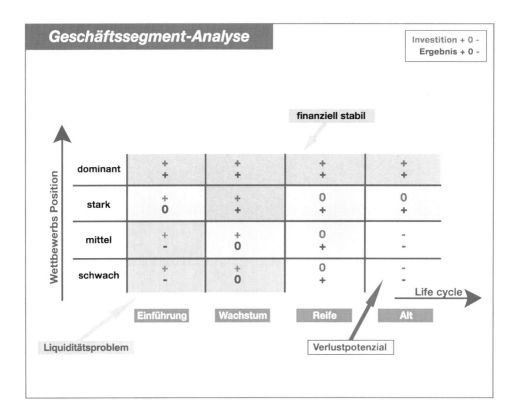

Abbildung 60

Die heutige Marktposition ist entscheidend für die Frage, ob noch investiert werden muss. Unsere Musterfirma ist nur mittelstark in der Wettbewerbsposition. Das bedeutet, dass die Markteinführung von Produkt A noch erhebliche Investitionen verlangt und die Ergebnisse der Produkte E und F gegen null tendieren. Vermuten Sie, in einer ähnlichen Situation zu sein, glauben Sie im Zweifelsfall lieber nicht Ihrer Buchhaltung, denn bei „Altprodukten" gibt es wohl noch viel Spielraum der kreativen Kostendarstellung.

Firmen mit einer dominanten und starken Wettbewerbsposition sind in der Regel auch finanziell stabil. Zumindest haben sie die Möglichkeit dazu. Firmen mit einer schwachen Wettbewerbsposition tun sich schwer bei der Finanzierung von neuen Produkten und ihrer Markteinführung. Hier kommt es regelmäßig zu Liquiditätsengpässen. Der Vorteil kleinerer Unternehmen ist, dass sie mehr überlegen, wofür sie ihr Geld ausgeben. Es wird mehrfach nachgedacht, ob es nicht auch einfacher und damit mit weniger Aufwand geht. Außerdem ziehen diese Firmen alte Produkte schneller vom Markt zurück. Beide Sachverhalte führen dazu, dass kleine und vermeintlich schwächere Unternehmen kreativer und damit weit innovativer sind als Großunternehmen, die über viele Ressourcen verfügen. In der Innovation schlagen die Kleinen fast immer die Großen. Armut macht stark.

Oft gewinnen die Unternehmen mit den besten Köpfen, nicht unbedingt die mit den vollsten Kassen.

Wenn Ihre Firma ein ausgewogenes Produktportfolio besitzt, über die finanziellen Mittel verfügt, um in künftiges Wachstum zu investieren, dann fragen Sie sich: Was könnte Sie am Erfolg noch hindern?

Es sind die Risiken und der Kompetenzmangel. Zunächst zu den Kompetenzen, die Sie zwingend für Ihre Zukunft brauchen. Wenn Sie die Zukunft gestalten wollen, entsteht ein anderes Unternehmen als das heutige. Wohin Sie wollen oder müssen, haben Sie aus dem strategischen Marketing erarbeitet. Zu dieser veränderten künftigen Firma gehören auch andere künftige Prozesse. Sie müssen daher jetzt schon jene Kompetenzen aufbauen, die zu Ihren neuen Prozessen gehören. Entweder Sie können Ihre vorhandene Mannschaft durch Weiterbildung dorthin bringen oder aber Sie müssen diese neuen Kompetenzen am Markt einkaufen. Das heißt neue Mitarbeiter akquirieren. Abbildung 61 zeigt die zu erarbeitende Matrix.

Nun fehlt noch die Risikobetrachtung. Sie haben festgelegt, woher Sie kommen und wohin Sie wollen. Die SWOT-Analyse in Abbildung 62 ist eine grobe Festschreibung der Gesamteinschätzung eines Unternehmens.

Geschäftskompetenzen

Kompetenzen	Kern ja/nein	vorhanden ja/nein	verbessern ja/nein	nicht länger nötig	Bemerkungen

Abbildungen 61/62

Swot-Analyse

1. Stärken (strengths):	2. Schwächen (weaknesses):
3. Chancen (opportunities):	4. Risiken/Bedrohungen (threats):

Überlegen Sie zunächst die Schwächen und Stärken, diese beziehen sich auf den Ist-Zustand. Die Chancen beschreiben künftige Potenziale. Die Risiken zeigen, woran Sie scheitern können. Sie werden nicht alle erkannten Risiken in Ihrem Vorhaben vermeiden können. Mit einem Teil müssen Sie leben, einen anderen Teil können Sie extern verlagern und vieles können Sie vermeiden oder mindern. Abbildung 63 zeigt die Zielrichtung im Riskmanagement.

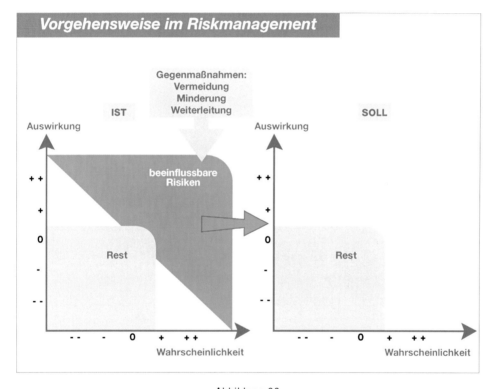

Abbildung 63

Die Fragestellung bei der Risikoanalyse ist: Was kann eintreten, wodurch das Ziel nicht erreicht werden wird? Hier ist nach Murphys Gesetz vorzugehen. Nach dieser Philosophie wird alles, was schiefgehen kann, auch tatsächlich geschehen. Sie sollten also versuchen, sich den größten möglichen und ernst zu nehmenden Unfall auszudenken. Wenn Sie diese größten Risiken beschreiben, dann können Sie auch detaillerte Maßnahmen definieren, diesen Risiken entgegenzuwirken bzw. sie gar nicht erst entstehen zu lassen. Die Risiken im Geschäft mit der höchsten Wahrscheinlichkeit und den größten Auswirkungen müssen Sie zuerst angehen. Diese haben höchste Priorität in der Bearbeitung. Wenn Sie erfolgreich in Verfolgung und Umsetzung Ihrer Gegenmaßnahmen sind, dann können Sie auch kaum von extremen Situationen überrascht werden. Abbildung 64 soll dies veranschaulichen.

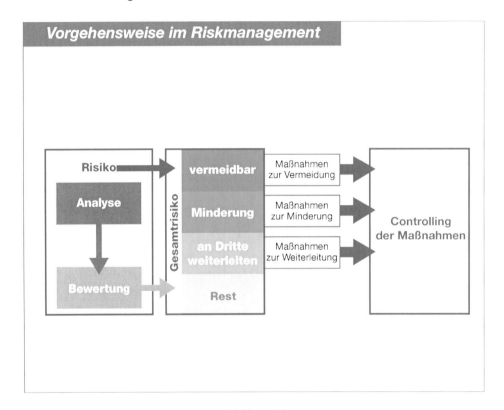

Abbildung 64

Allerdings benötigen Sie zu all dem die Kreativität, die Mitarbeit Ihrer Mannschaft und die geeignete Firmenkultur. Nur so werden Sie ein korrektes Bild bekommen und richtig reagieren.

Sie können die SWOT-Analyse auch einfach vergessen. Warten Sie einfach ab, was passiert. Merken Sie sich dann sicherheitshalber folgende Aussage, die Sie parat haben sollten:

„Wenn man vom Rathaus kommt, ist man klüger."

Will sagen: Was vorhersehbar war, weiß man vor allem hinterher am besten. Sie und Ihre Mannschaft konnten halt nicht vorhersehen. Solche Art Sprüche gibt es von Managern, die versagt haben, genug. Selten aber sind das keine Ausreden. In der Regel zeigt dies nur, dass Ihr Unternehmen schlecht ist und Sie als Leitung ungeeignet sind.

3.4 Soziale Affinität, gelebte Kultur, Werte, Barriere ungeschriebene Gesetze, Barriere Kränkung

Ist das Ihre Firma?
Welches Verhalten brauchen Sie?

Wollen Sie Karriere machen, dann sind Sie hoffentlich in einem Unternehmen tätig, das eine Zukunftsperspektive hat. Wenn Sie ehrgeizig sind, dann müssten Sie noch eine interessante berufliche Herausforderung annehmen, dann wären Sie auf dem aufsteigenden Ast. Jetzt glauben Sie möglicherweise, dass Ihre hervorragende Leistung ausreicht. Untersuchungen zeigen, dass es nicht so einfach wird. In „Der Mythos von den Leistungseliten" heißt es:

„Soziale Herkunft ist ganz unabhängig von Leistungen und ausschlaggebend für die Besetzung der Spitzenpositionen in Großunternehmen. Kinder aus Unter- und Mittelschichten, die es geschafft haben zu promovieren, haben erheblich geringere Chancen als jene, die aus dem gehobenen Bürgertum (3,5 Prozent der Bevölkerung) stammen. Unter den fähigen Bewerbern wählen die Vorstände nach sozialer Affinität aus: ob jemand durch sein Auftreten den Eindruck erweckt, das ist einer von uns. Das erste Kriterium ist die intime Kenntnis der Dress- und Benimmcodes. Dass er signalisiert, durch sein Verhalten nicht gegen bestimmte Codes zu verstoßen."[16]

In der Tat: Die Chancen für die Mittel- und Unterschicht sind begrenzt. Robert Cialdini erklärt sich das so:

„Wir mögen Leute, die uns ähnlich sind. Dies gilt anscheinend unabhängig davon, ob die Ähnlichkeit im Bereich von Meinungen, Alter, Religion, Charaktereigenschaften, Herkunft oder Lebensstil besteht. Diejenigen also, die unsere Sympathie gewinnen wollen, erwecken am besten den Eindruck, uns in möglichst vieler Hinsicht ähnlich zu sein."[17]

---

[16] **Michael Hartmann,** Der Mythos von den Leistungseliten, Campus Verlag, 2002
[17] **Robert B. Cialdini,** Die Psychologie des Überzeugens, Huber Verlag, 2004

Sie werden je nach Firma und je nach sozialer Herkunft eine größere Barriere mehr zu überwinden haben.

Wenn Ihre Firma ihre Lebensträume (Visionen) umsetzt, dann hat sie eine Perspektive. Sie können davon profitieren. Es braucht nämlich zur Umsetzung die geeigneten Ressourcen und vor allem ist es die Wertebasis, auf der auch in der Wirtschaft alles steht. Je nach Firma sind die Inhalte der Wertebasis unterschiedlich. Von entscheidender Bedeutung ist aber nicht das Glanzpapier der Leitlinien, sondern ausschließlich die im Unternehmen *gelebten* Werte.

Die gelebte Kultur wird durch die Summe der Persönlichkeiten bestimmt, deren Identität im Unternehmen und durch die herrschende Machtstruktur (Kap 3.8). Bei kleineren und mittelständischen Unternehmen besteht der Leitungskreis aus wenigen Menschen. Die direkte Kommunikation über Werte, deren Inhalt im Unternehmen unmittelbar sichtbar und erlebbar sind. Diese Unternehmen haben ein unverwechselbares Profil und eine klare Identität.

Nur in einem Unternehmen mit einer Identität können sich Menschen identifizieren und eine hohe Loyalität und Verbundenheit zeigen.

Dies gilt für Mitarbeiter ebenso wie für Kunden.

Große, zumal globale Unternehmen tun sich hier schwerer. Einerseits werden Auseinandersetzungen über Werte meist auf die Formulierung der Leitlinien beschränkt, andererseits ist die Kommunikation wesentlich unpersönlicher. Es liegt in der Natur der Sache, dass Großunternehmen zwangsläufig eine dominante Kultur haben, die alles beherrschende Zentrale definiert die Spielregeln der Organisation. Hier wird bestimmt, was gefördert und was bekämpft wird. Das führt zur Verwässerung der Identität und damit zu weniger Loyalität innerhalb des Unternehmens und bei den Kunden. Da die Machtstruktur oft Gleichförmigkeit hervorruft, sind gelebte Unternehmenswerte hier eher bescheiden.

Je ähnlicher die Menschen in solchen gleichförmigen Unternehmen, desto weniger komplex, aber auch desto krisenanfälliger ist das Unternehmen. Die Qualität des Werteerhalts wird dann zunehmend geringer. Das Wertefundament ist schließlich einseitig, unausgewogen und dünn. Der geschäftliche Abstieg ist nur eine Frage der Zeit. Er kommt, weil solche Strukturen unfähig sind, sich aus sich selbst heraus verändern zu können. Es braucht eine dramatische Krise.

Große Unternehmen zeichnen sich in der Regel auch noch dadurch aus, dass zwischen Gesagtem (Leitlinien) und Gelebtem große Widersprüche klaffen. Glaubwürdig sind diese Unternehmen in dieser Hinsicht nicht. Schlimmer noch: Vergrößert sich die Kluft zwischen dem Anspruch nach Glaubwürdigkeit und der Realität, neigen diese Organisationen zur Unwahrheit. Dabei haben große Unternehmen eigentlich den Hang zum Föderalismus. Sie sind aber fast alle zentralistisch organisiert. Warum wohl? Tatsache ist, dass Macht (Kap 3.8) niemals freiwillig abgegeben wird. Föderalismus bedeutet aber Machtverzicht und Machtausgleich. Die Angst der mächtigen Zentrale vor dem Verlust der Macht und der drohende Verlust der Kontrolle wirken hier dagegen. Die Mächtigeren sind die Gewinner.

Sie sollten sich prüfen, ob Sie in solchen Unternehmen Ihre Zeit verbringen möchten. Sind Sie in einer Firma, in der die für Sie unpassenden Werte gelebt werden, dann vergeuden Sie Ihre Zeit nicht länger und wechseln. Um herauszufinden, ob Sie möglicherweise in der falschen Firma sind, ist es sehr aufschlussreich, sich die Unternehmenseinstellung zum Gewinn zu betrachten. Ich sagte schon mal, dass ein Pleiteunternehmen keinerlei Beitrag für die Gesellschaft liefert (höchstens einen negativen). Es hat nichts mehr: keine Mitarbeiter, keine Arbeitsplätze, kein Vermögen, nichts.

Ein Unternehmen muss daher unbedingt Gewinne machen.
Gewinn machen ist ehrenwert.

„Dies ist der wichtigste Unternehmenswert überhaupt. Profit nur um des *Gewinnmaximierens* ist dagegen verwerflich und für mich persönlich unmoralisch.

Shareholder-Value ist ehrenwert, weil es um das Überleben bzw. die Stabilisierung des Unternehmens im Wettbewerb geht. Shareholder-Value in der *verkürzten* Fassung der Gewinnmaximierung für die Eigner ist unmoralisch, sie entspricht der eingeschränkten Denke. Dies geht nur in einer Umgebung, in der wirtschaftlich fundamentalistische Verhaltensformen herrschen. Das ähnelt einer Einstellung, wie sie im Theologischen zu Hause ist."[18]

Suchen Sie daher unbedingt ein Unternehmen, das zu Ihnen passt. Sind Sie selbst nicht fundamentalistisch, dann muss es ein Unternehmen sein, in dem *viele Ihrer* Werte gelebt werden. Suchen Sie dort eine Aufgabe, die mit Ihren Fähigkeiten korrespondiert und an der Sie reifen können. Haben Sie sich mal täuschen lassen – kein Beinbruch, ziehen Sie sofort Konsequenzen und kündigen Sie, denn es dauert viel zu lange – vorausgesetzt es wäre überhaupt möglich –, die gewohnte Kultur eines Unternehmens zu verändern.

Beginne ich selbst eine ganz neue Coachingaktivität, sehe ich bereits am Anfang, ob ich gerne in einem neuen Unternehmen mitwirken möchte oder nicht. Nein sagen aus Überzeugung ist schmerzlos. Manchmal sage ich auch Nein, weil das Unternehmen keine wirtschaftliche Chance mehr hat. Das schmerzt dann eher. Die Zeit hat nicht mehr gereicht. Der Wettbewerb hat schon entschieden.

Ja sagen dagegen bedeutet eine Herausforderung für mich, denn nun wird vieles erwartet. Ich persönlich möchte aber nur „Wert-vollen" Unternehmen helfen. Unternehmen, die ihre eigene Kultur bewusst leben und deren Verhaltensweisen von Werten geprägt sind. Diese Unternehmenswerte sind es, an denen sich auch der Einzelne in seinem Verhalten messen lassen muss. Ein Unternehmen ist also nur so gut wie die Summe aller Menschen in ihren Verhaltensweisen den Kollegen, den Partnern, den Kunden, dem Chef, den Eignern, den Mitarbeitern etc. pp. gegenüber. Es gilt:

Was für menschliche Einzelbeziehungen gilt, ist im Prinzip auf Gruppen, Organisationen und Gesellschaften übertragbar.

---

[18] **Reinhard Möller,** Islamismus und terroristische Gewalt, Ergon Verlag, 2004

Damit sind wir wieder beim menschlichen Verhalten in der Berufswelt angekommen. Die Summe der Eigenschaften der Menschen ist das Potenzial des Unternehmens. Deshalb ist es so wichtig festzustellen, welche Werte gelebte Praxis sind. Unternehmertum und Moral (Werte leben) sind für mich eine Selbstverständlichkeit. Diese beiden Dinge gehören untrennbar zusammen.

Schauen Sie sich unbedingt die Wertestruktur Ihrer Eigner an. Wenn Sie hier eine große Übereinstimmung mit Ihren Werten haben, sind Sie schon gut dran. Dann betrachten Sie, ob Ihre Eigner es verstehen, die zwangläufig entgegengesetzt laufenden Interessen zwischen Kunden, Mitarbeitern und Eigentümern in Balance zu halten. Oder gilt doch nur die Gewinnmaximierung, die verkürzte Form des Shareholder-Value? Wenn dies alles für Sie in Ordnung ist, dann werfen Sie noch einen Blick auf die Glaubwürdigkeit Ihrer Eigner. Haben Sie keinen Anlass daran zu zweifeln, dass im Unternehmen zwischen „Sagen" und „Tun" keinerlei Diskrepanz herrscht, schätzen Sie sich glücklich, in einem so berechenbaren „Wert-vollen" Unternehmen zu sein.

Möchte ich in einem neuen Unternehmen mitwirken, führe ich am Anfang eine Zahlenanalyse durch. Hier agiert oft das Management nach dem bekannten Motto: „Alles ist belegbar, rechenbar, vorausschaubar und mit einem Tool zu steuern." Komme ich da mit so genannten weichen Faktoren (Soft facts) daher, werde ich manchmal gleich in eine Schublade gesteckt. Soft klingt schon mal nicht gut, hat etwas Romantisches. Schiebe ich dann auch noch Themen wie „soziale Kompetenz" hinterher, bin ich möglicherweise doch eine gut getarnte „linke Bazille": sozial, sozialistisch, lieb zu Mitarbeitern, Einheitssoße, leistungsfeindlich. So ist das nun mal, wenn die eigene Welt die einzig reelle ist.

Die Gründe aber, die Unternehmen am Erfolg hindern, sind sehr oft im Menschlichen zu finden. Es gibt im Europäischen überwiegend eine Kombination aus vier Hinderungsgründen, die die Umsetzung von Vorhaben und Projekten behindern. Diese sind:

1.   *„die ungeschriebenen Gesetze".* Alle richten sich danach, alle wissen Bescheid, trotzdem handelt es sich um Tabuthemen. Gesprochen wird da-

rüber nicht, höchstwahrscheinlich werden diese Regeln sogar geleugnet.

2. *„die Kommunikation"* (Kap. 3.7). Besser gesagt der Mangel daran. Kommunikation heißt Austausch und ist nicht zu verwechseln mit Informieren. Ich kenne Unternehmen mit einer guten Informationspolitik, aber mit dürftiger Kommunikation.

3. *„die Totschläger"* (Kap. 3.7). Das sind die kurzen prägnanten Sprüche, denen es gelingt, Kreativität und Motivation zu töten. Schließlich ist es

4. *„die Kränkung",* die in europäischen Ländern als Erfolgssaboteur Nummer eins gilt.

Ungeschriebene Regeln sind Regeln, die in der Firma gelten und nach denen gelebt und gearbeitet wird. Sie sind nicht gerade förderlich für die Weiterentwicklung, denn sie blockieren Verbesserungen von Prozessen. Sie behindern den Erfolg, meistens nicht in Bezug auf die richtigen Erkenntnisse, sondern in der Umsetzung dieser Erkenntnisse. Dabei liegen Mechanismen zu Grunde, die für Menschen *erstrebenswert sind, diese Regeln zu befolgen:* Die Mitarbeiter haben etwas davon. Fragen Sie sich mal, wer in einem Unternehmen über Gehälter oder hierarchische Berufungen wie frei und unabhängig entscheiden kann. Fragen Sie sich, wie man am besten einen Konkurrenten um einen Arbeitsplatz ausschaltet oder zumindest kleinmacht.

Die folgende Auflistung wurde in Workshops erarbeitet und ist beispielhaft für diesen Sachverhalt (Abbildung 65). Einige der Aussagen werden auch in Ihrem Unternehmen gelten. Sollten Sie zur Leitung gehören, sind Sie allerdings die falsche Person, um die Regeln Ihrer Firma zu ermitteln. Dazu benötigen Sie die Offenheit vieler Ihrer Mitarbeiter auf allen Ebenen.

Sie können sehr schön einige Auswirkungen der europäischen Kultur erkennen, über die man vielleicht sogar schmunzeln mag. Beispiel A) „Arbeit ist mühsam" – hier wird der Einfluss besonders der Calvinisten sichtbar. Es gibt aber auch einige Beispiele, die den Unternehmer sehr nachdenklich stimmen werden. Schauen Sie mal auf C, G, K, L und P. Stellen Sie sich vor, diese Regeln gelten in Ihrer Firma! Verneinen Sie nicht zu schnell. Fragen Sie sich lieber, wie viele Ressourcen auch bei Ihnen unnötig verschwendet werden. Denn hat

Welche ungeschriebenen Regeln gelten in Ihrer Firma?

A	Wichtige Arbeit ist mühsam!
B	Wir kontrollieren die anderen, nicht aber uns selbst!
C	Die anderen sollen das umsetzen!
D	Wir vertrauen uns nicht wirklich, wir machen Fragezeichen!
E	Wir machen doch, was wir wollen (keine Einheit als Firma, sondern Inseln).
F	Wer Fehler macht, ist nicht kompetent.
G	Die Produktion ist besser als die Verwaltung!
H	Wir machen es so gut wie möglich (nicht wie nötig)!
I	Wir sind besser als die anderen (intern)!
J	Ich bin nicht schuld!
K	Damals waren wir besser!
L	Sozialverhalten bringt mir keinen Gewinn.
M	Wir schwimmen besser mit dem Strom.
N	Hauptsache der Chef ist zufrieden.
O	Vorgesetzte ärgert man nicht.
P	Unangenehmem geht man am besten aus dem Weg.

Abbildung 65

eine oder mehrere dieser Regeln auch bei Ihnen Gültigkeit, brauchen Sie sich nicht zu wundern, dass die Umsetzung von Maßnahmen im Unternehmen nicht klappt. Auch die unnötige Schuldfrage ist ein stark europäisches Thema. Das können wir schon an unserer Art, Kinder zu erziehen, erkennen: schlechtes Gewissen erzeugen, anstatt helfend einzugreifen, Strafe statt Lob. Solche Regeln gilt es durch andere – positivere – zu ersetzen. Einige Beispiele aus den Workshops zeigen die Abbildungen 66 bis 67.

Abbildung 66 zeigt, wie wichtig Veränderungen im persönlichen Umfeld sind, wenn Sie Teamfähigkeit erreichen wollen. Und ohne diese ist in Zukunft kein erfolgreiches Unternehmen mehr denkbar, denn die Art und Weise, wie Menschen miteinander umgehen, wird der wichtigste Erfolgsfaktor. Außerdem

130

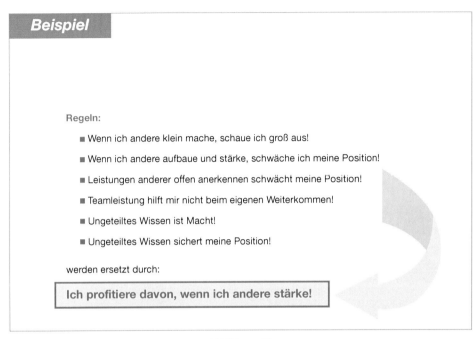

Regeln:

- Wenn ich andere klein mache, schaue ich groß aus!
- Wenn ich andere aufbaue und stärke, schwäche ich meine Position!
- Leistungen anderer offen anerkennen schwächt meine Position!
- Teamleistung hilft mir nicht beim eigenen Weiterkommen!
- Ungeteiltes Wissen ist Macht!
- Ungeteiltes Wissen sichert meine Position!

werden ersetzt durch:

Ich profitiere davon, wenn ich andere stärke!

Abbildung 66

werden Unternehmensprozesse immer komplexer. Ein Kopf alleine ist diesen Anforderungen nicht mehr gewachsen. Und diesen einen Kopf, der fähig wäre, alles zu beurteilen und zu bewältigen, gibt es auch gar nicht mehr – falls es ihn je gegeben hat. Im Übrigen: Auch Geschwindigkeit ist ein wichtiger Wettbewerbsvorteil. Und ein Team ist potenziell immer um ein Vielfaches schneller als ein einzelner Mensch. Mehrere Köpfe haben eben mehr Kapazität, wenn Sie wollen mehr Rechenleistung, als ein Einziger. So das Team allerdings funktioniert. Rupert Lay definiert Teamfähigkeit so:

„Eine Person ist genau dann teamfähig, wenn sie nicht gegen Menschen, sondern zusammen mit ihnen gegen ein Problem kämpft. Eine Gruppe ist genau dann teamfähig, wenn sie gemeinsam eine optimale Problemlösung anstrebt und kein Mitglied gegen ein anderes kämpft. Es kommt darauf an zu gewinnen, nicht zu siegen."[19]

---

[19]   **Rupert Lay**, Kommunikation für Manager, Ercon Verlag, 1991

Es braucht jedoch nur ein Mitglied mit geringer sozialer Kompetenz und die Teamergebnisse gehen gegen null.

Für die Zukunft ist Vernetzung ein unverzichtbares Erfolgskonzept, und dazu sind Sie auf Teamarbeit angewiesen. Nicht stattfinden wird diese jedoch, wenn oben genannte ungeschriebene Regeln ihre destruktive Wirkung entfalten. Wie aber sollten Mitarbeiter einen Weg alleine hinausfinden, wenn jahrzehntelang der Kampf als Mittel im Wettbewerb innerhalb des Unternehmens gefördert wurde?

Beispiel

Regeln:

■ Vertrauen ist gut, Kontrolle ist besser!

werden ersetzt durch:

So viel Vertrauen wie möglich!

■ Der Kunde hat immer recht!

■ Wir tun alles für unsere Kunden, egal was es kostet!

■ Wir sind zu unseren Kunden lieb!

werden ersetzt durch:

Nur für unsere Geschäftspartner (A-Kunden) tun wir wirklich alles, was möglich ist!

■ Wer Fehler macht, ist nicht kompetent!

■ Misserfolg wird bestraft!

■ Fehler eingestehen ist Schwäche!

werden ersetzt durch:

Wer Fehler eingesteht, ist stärker!

Abbildung 67

Die durchaus populäre Aussage „Vertrauen ist gut, Kontrolle ist besser" geht auf *Lenin* zurück. Heutzutage kommt sie aus der buchhalterischen Ecke, dort wo Controlling noch mit Kontrolle verwechselt wird. Hier wird vorgetäuscht, es gäbe möglichst viel zu kontrollieren. Mitarbeiter hätten vor, die Firma zu betrügen, und Kontrolle sei das einzige Gegenmittel. Ein Mehr an Kontrolle bedeutet auch ein Mehr an Aufwand, um Kontrollmechanismen einzuführen.

Menschen, die in einem derartigen Umfeld unter Druck stehen, verwenden enorm viel Fantasie und damit auch Energie darauf, Kontrollen zu umgehen – alles nur Blindleistung! Wenn Mitarbeiter Ihre Firma betrügen wollen, gelingt es ihnen auch. Kontrolleure glauben nur, sie hätten alles im Griff. Dies gilt übrigens auch für die Leitung. Wenn die Leitung die Firma, die Aktionäre betrügen will, schafft sie das auch. Gegen kriminelle Energie helfen Anweisungen nicht. Eine vollständige Kontrolle ist eine Illusion.

Was ist das für eine Denkstruktur, die auf Kontrolle setzt anstatt auf Vertrauen? Welche Verantwortung haben eigentlich die Menschen im Unternehmen? Wie viel Investitionen werden hier getätigt? Mit wie viel Vermögen gehen Ihre Mitarbeiter um? Wenn Sie den Menschen keinen Freiraum zugestehen, können Sie kein verantwortungsbewusstes Verhalten erwarten.

Sie sollten sich lieber 100-mal mehr Gedanken darüber machen, welche Mitarbeiter Sie einsetzen und welche Werte gelebt werden sollen und ob diese Mitarbeiter zu Ihrer Firma passen. Dann sind Sie bei der Überlegung, wie Sie die richtigen Mitarbeiter herausfiltern und einstellen. Sind Sie jedoch selbst jemand, der kein Vertrauen spenden kann, dann geben Sie es auf. Es sei denn, damit passen Sie zu Ihrer Firma. Dann kontrollieren Sie mal schön. Schrauben Sie Ihre Erwartungen auf das machbare Niveau herunter. Geben Sie zu, dass Sie nicht vertrauen, dafür aber kontrollieren. Viel Erfolg dabei. Lesen Sie nicht weiter, tun Sie etwas anderes.

Ich muss zugeben, ich freue mich immer wieder zu sehen, wie solche kontrollorientierten Firmen zunehmend aus dem Markt verschwinden. Der Wettbewerb regelt das schon. Das ist das Schöne an unserem Wirtschaftssystem, im Wettbewerb überleben die Besseren, nicht zwangsläufig die Mächtigeren oder Größeren.

Der mittlere Teil von Abbildung 67 zeigt ein Beispiel eines Unternehmens, das Kundenorientierung mit „lieb" sein zu den Kunden verwechselt hat. Dieses Unternehmen lernt entweder, seine Partnerschaften zum Vorteil aller zu gestalten, eine Kundensegmentierung einzuführen, oder die Kunden werden dieses Unternehmen zu Grunde richten. Es sind nicht immer die Bösen, die Pleite machen.

In unserer europäischen Kultur wird gerne darauf verzichtet, aus Fehlern zu lernen. Dabei sind Fehler Verbesserungspotenziale, wie der untere Teil von Abbildung 67 dokumentiert. Erst wenn Fehler auftreten, können Sie erkennen, was es zu verbessern gilt! Hinterher sind Sie stärker und Ihre Prozesse besser angepasst. Freuen Sie sich über jeden Fehler, der gemacht wurde. Werfen Sie die Schuldfrage über Bord. Ein erfolgreiches Fehlermanagement ist der Beginn eines neuen Unternehmens auf dem Weg zu „Best of Class". Am Ende werden möglicherweise auch Sie ein „selbst lernendes Unternehmen".

Schön, Sie kennen gegebenenfalls Ihre ungeschriebenen Regeln. Sie brauchen aber auch die neue Regel. Vielleicht wissen Sie sogar schon, wie Sie diese formulieren wollen. Prima, das Papier steht. Jetzt sollen die Mitarbeiter mal machen, denn Mitarbeiter sind schließlich für die Umsetzung da! Auf diesem Niveau bleiben die meisten Unternehmen stecken. Sie wissen durchaus, was zu tun ist. Logisch genug war es schließlich. Alle haben doch gewollt. Es gab ein gemeinsames „commitment".

Die Folge: Es ändert sich nichts, gar nichts; mal wieder eine erfolglose Aktion. Alle haben es überlebt und es geht weiter wie gehabt – auch mit den Resultaten. Die meisten Menschen und damit auch Unternehmen scheitern nicht an der Erkenntnis darüber, wie das Neue aussehen soll, sondern an der Umsetzung und

Umsetzung ist eine Frage der Motivation. Sie benötigt Motive.
Nur Motive bewegen Menschen.

Sie müssen sich fragen, wie Sie ans Ziel kommen, was für Ihre Mannschaft die beste Motivation ist, um sich zu bewegen. Ganz klassisch können Sie das mit Angst und Direktiven regeln. Damit erzielen Sie sogar kurzfristige Erfolge, doch es wird Ihnen an Beständigkeit mangeln – Angst weg, Motivation weg. Wer glaubt, Ziele diktieren und „top-down" anweisen zu können, erreicht nur eine Anpassungsleistung. Abhaken können Sie dagegen Eigeninitiative, Kreativität und Selbstverantwortung.

Der häufigste Grund für die Behinderung von Veränderungen im Unternehmen ist der

Erfolgssaboteur Nummer eins: „die Kränkung".

Gekränkt sein ist ein subjektives Gefühl. Ein gekränkter Mensch ist von anderen schwer getroffen. Er ist in seiner Würde verletzt. Dieser Mensch hat sein Gesicht verloren. Er fühlt sich erniedrigt. Das sitzt tiefer als pures „Beleidigtsein". Bertold Ulsamer sagt:

> „Der Selbstwert zählt genauso viel wie das Leben.
> Deshalb hat das Stammhirn seinen Schutz übernommen."[20]

Denn hier wird nicht mehr nach entschuldigenden Umständen gefragt oder nach Auslösern. Ein Gekränkter will nur eins: Rache und nochmals Rache. Würde sich diese Rachebefriedigung nur gegen den Rachegefühlverursacher richten, wäre der Schaden noch begrenzt. Doch diese Möglichkeit haben die meisten nicht. Nehmen Sie einmal an, der Chef hat den Mitarbeiter vor versammelter Mannschaft niedergemacht. Der Chef hat den Mitarbeiter im Beisein anderer angebrüllt. Der Chef hat zugelassen, dass der Mitarbeiter sich in der Teambesprechung bis auf die Knochen blamiert hat, und hat nicht verhindert, dass die Kollegen ihn „zerrissen" haben. Ein solcher Mitarbeiter empfindet Scham.

---

[20] **Bertold Ulsamer,** Karriere mit Gefühl, Campus Verlag, 1996

„Scham", so Heiko Ernst, „beherrscht und durchdringt unser Leben weit mehr als Aggression oder Sexualität."[21]

Für manches Sensibelchen kann da auch schon eine Missachtung reichen. Nicht immer ist es der Chef, aber sehr oft ein innerhalb der Hierarchie Höherstehender, jemand mit hohem Ansehen, jemand mit Gewicht und Einfluss. In solchen Situationen wird dann jemand *stellvertretend gerichtet.* Frei nach dem Motto: Hat der große, starke Judokämpfer mich gekränkt, bespucke ich eben seine Frau, soll sie ihr Kind ohrfeigen, das kann ja dann den Hund treten. Abbildung 68 soll diese Wirkungskette veranschaulichen.

Abbildung 68

---

[21]   **Heiko Ernst,** Psychotrends, Piper Verlag, 1998

Das Gefühl der Kränkung ruft Aggression hervor. Kann sich diese nicht gegen den Verursacher richten, weil sich der Gekränkte dazu nicht in der Lage fühlt, trifft es andere. Dies führt zur Verletzung Dritter und es entsteht eine Kettenreaktion. Das ist das Gefährliche am Thema Kränkung. Denn nimmt diese Kettenreaktion im Unternehmen erst einmal ihren Lauf, ist die Atmosphäre vergiftet und ein Miteinander – und damit die gesamte Firma – in hohem Maße gestört. Die Mannschaft bringt keine Leistung mehr. Kränkungen und die logisch folgenden Racheaktionen werden nicht offen, sondern verdeckt ausgetragen. Die Betroffenen empfinden Schmerz und Scham und konsequent entwickelt sich aus diesen Gegebenheiten eine Blockade. Abbildung 69 zeigt die Wirkung dieser Gefühle bei dem Betroffenen.

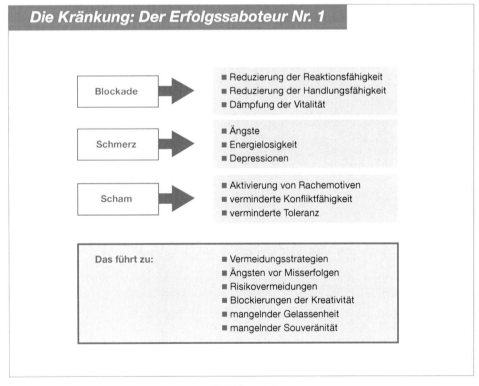

Abbildung 69

Schauen Sie sich die Wirkung in der Firma an. Wenn die Mitarbeiter streng nach der Devise arbeiten „Bloß keinen Fehler machen", kommt es logischerweise zur Anwendung der Vermeidungsstrategie. Das führt dazu, nicht zu entscheiden. Und dies führt zur Absicherung nach oben. So wird die Weiterentwicklung des Unternehmens erfolgreich verhindert. Das Ganze erzeugt Gehorsamkeit innerhalb der Machtstrukturen, die zur vollständigen Adaption und zum Opportunismus führt. Für das Unternehmen ist dies der Anfang vom Ende.

Eine Hierarchiekette muss nur einen einzigen professionellen Kränker in ihren Reihen haben und es folgen automatisch Vermeidungsstrategen und Blockierer. Sollten Sie so etwas in Ihrem Unternehmen feststellen, werden Sie viele Jahre und noch mehr Beharrlichkeit nötig haben, um eine Veränderung der Strukturen herbeizuführen. Darüber hinaus sollten Sie in der Führungsebene tunlichst einige Leute ersetzen. Sie müssen schon sehr viel Eigenmotivation aufbringen, um sich in einem solchen Unternehmen zu engagieren. Besser wäre es, Sie kündigen. Sollte die Firma Ihnen gehören, verkaufen Sie lieber, denn Sie werden die notwendigen Veränderungen nicht verwirklichen können. Wahrscheinlicher ist es sogar, dass Sie selbst der Verursacher dieser Kränkungswelle sind. In Unternehmen mit expressivem Kommandostil, Mangel an Offenheit und einer elitären Führung ist das Kränken in Europa Normalität und damit auch die Ohnmächtigkeit der Gekränkten und ihre Blockaden.

Zur Beurteilung Ihrer Firma und Ihrer Person versuchen Sie die Fragen von Abbildung 70 und 71 zu beantworten.

Sie sollten jetzt in der Lage sein, zu beurteilen, wie Motivation in Ihrem Unternehmen gefördert oder zumindest durch ungeschriebene Regeln und Kränkung behindert wird. Denken Sie nochmals an Ihre Festlegung bezüglich der A-Kunden. Was denken Sie wohl, wie werden Ihre Kunden behandelt?

Jedes Unternehmen hat übrigens genau die Kunden, die es verdient. Behandeln Sie Ihren A-Kunden als Partner auf gleicher Augenhöhe? Mit Kunden ist es ähnlich wie mit Freundschaften. Welche Freunde wollen Sie? Möchten Sie

Aufforderung

1. Schauen Sie die in Ihrer Firma gültigen ungeschriebenen Regeln an.

2. Welche möchten Sie ändern?

3. Welche Regeln möchten Sie neu einführen?

4. Welche Kompetenzen müssen hier gestärkt werden?

5. Wie schätzen Sie das Thema Kränkung ein?

> **Wie schätzen Sie sich und Ihre Firma ein?**
>
> Sie: + 0 -   Ihre Firma: + 0 -

Abbildung 70/71

Aufforderung zum Loben

Menschen haben ein Feingefühl, ob Lob ernst gemeint und berechtigt oder aufgesetzt ist.

Nur jemand, der glaubhaft ist, kann wirklich loben.

Glaubwürdigkeit erlangt man, wenn Sagen mit dem Handeln im Einklang ist.

Ein Lobender muss die Kunst der Kommunikation beherrschen.

> **Wie schätzen Sie „das Loben" bei sich und in Ihrer Firma ein?**
>
> Sie: + 0 -   Ihre Firma: + 0 -

welche, die lügen? Möchten Sie welche, die ihr Wort brechen, die Sie ab und zu verklagen? Was bieten Sie in der Freundschaft, lügen Sie auch? Brechen auch Sie Ihr Wort? Prima, dann passen Sie ja gut zusammen.

Oder positiver:
Firmen mit hohen Werten erkennt man an der gelebten Kultur. Diese Firmen ziehen jene Kunden an, die selbst hohe Werte in Ihrer Kultur leben. Firmen mit einer Vertrauenskultur ziehen Firmen mit ebensolcher an. Mein Appell ist: Suchen Sie sich Ihre Kunden nach Ihrer eigenen Matrix aus, so wie Sie Freunde suchen. Dabei ist es im Geschäftsleben natürlich wichtig, die Wirtschaftlichkeit nicht zu vernachlässigen.

3.5 Tempo, Weckzeit, Finanzposition, Kommunikation in einer Gewinnerkultur, Glaubwürdigkeit

Ist Ihre Firma pleite?
Hat sie eine letzte Chance?
Ist sie spitze, aber arm? Oder gesund?
Wann müssen Sie schnell agieren?
Wie viel Zeit haben Sie?
Wie kommunizieren Sie?

Es gibt Aussagen, die da heißen, dass die oberste Leitung in einem gut gehenden Geschäft nicht benötigt würde. Vordergründig stimme ich zu. Dies gilt für die Betrachtung in Schönwetterperioden. Das operative Geschäft läuft eine ganze Weile erfolgreich auch ohne Leitung weiter. Unternehmerische Entscheidungen nämlich betreffen die Zukunft. Eine Leitung, die 12 Monate fehlt, kann also „lediglich" nichts für die Zukunft tun. Dies ist der Grund, warum frühestens nach einer längeren Periode erst klar ist, ob eine neue Leitung fähig ist oder nicht. Oder andersherum, eine Leitung, deren Firma in Schwierigkeiten kommt, hatte Fehleinschätzungen oder Fehlentscheidungen zu verantworten, die schon längere Zeit zurück liegen. Es brechen nicht „plötzlich" schwierige Geschäftszeiten an. Wenn diese schwierigen Zeiten jedoch schon mal da sind, wie sollten Sie dann reagieren?

In schlechten Zeiten müssen Sie extrem schnell handeln. Das eigentliche Problem liegt darin, in der Ihnen verbleibenden Zeit die notwendigen Änderungen durchzuführen. Bedenken Sie bitte Folgendes: Bis Sie erkannt haben, dass Sie Verluste schreiben, bis Sie verinnerlicht haben, dass Sie gegensteuern müssen, vergeht eine gewisse Zeit – erfahrungsgemäß je nach Branche und Projektumschlagzeit zwei bis sechs Monate oder noch mehr. Bis die Buchhaltung mit ihren Zahlen auch tatsächlich die Wirklichkeit abbildet, dauert es nun mal. Bis dahin läuft Ihr Unternehmen weiter in die falsche Richtung.

Zusätzlich werden Sie Zeit benötigen, die notwendigen Modifizierungen zu formulieren. Sind Sie schnell, reichen dazu zwei Monate. Auch währenddessen steuert Ihre Firma noch immer auf dem alten falschen Kurs.

Jetzt kommt es darauf an, wie zügig Sie die Veränderungen auch einführen können. Hier liegt Ihre Chance. Selbst wenn Sie das Vertrauen Ihrer Mannschaft besitzen und sie Ihnen freiwillig folgt, werden etwa drei Monate vergehen, bis es Ihnen gelingt, das Steuer herumzureißen.

Zwischen dem Beginn der negativen Wirkung und dem Moment, in dem Sie wieder Gewinne schreiben, vergehen also leicht ca. 12 Monate.

Dies ist noch ein Beispiel für eine schnelle Branche, also für ein Geschäft, wo die Geschäftsinhalte einen schnellen Umschlag haben. Eine Branche, wo beispielsweise kurze Projektlaufzeiten einer Dauer von 3 bis 4 Monaten entsprechen. Sind Sie dagegen in einer Branche mit langen Projektzeiten, werden Sie entsprechend länger brauchen, um wieder schwarze Zahlen zu schreiben. Hoffentlich ist Ihr Eigenkapital groß genug, sodass Sie durchhalten können. Unternehmer sind oft unglaubwürdig. Fehlende Aufrichtigkeit im Verhalten führt dazu, dass ihnen nicht mehr geglaubt wird. In guten Zeiten wird zu viel gejammert, zu wenig Interessensbalance gewahrt. Das führt unweigerlich zum Verlust der Glaubwürdigkeit. Genau diese jedoch ist in schlechten Zeiten unabkömmlich. Gehen Sie als Unternehmer davon aus, dass unternehmerische Prozesse für viele Menschen zu kompliziert sind.

Wenn also die Sache an sich nicht ganz verstanden wird,
kommt es darauf an, dass der Leitung vertraut wird, um ihr auch zu folgen.

Robert Cialdini erklärt sich das so: „In unserer Kindheit wussten die Autoritätspersonen (Eltern, Lehrer) mehr als wir und wir machten die Erfahrung, dass es sich lohnte, auf ihren Rat zu hören – zum Teil wegen ihres größeren Wissens und zum Teil wegen ihrer Macht, uns zu belohnen oder zu bestrafen. Als Erwachsener gilt dasselbe – aus denselben Gründen, auch wenn es sich bei den Personen nun um Vorgesetzte handelt. Da ihre Position auf einen besseren Zugang zu Wissen und Macht schließen lässt, ergibt es Sinn, sich den Forderungen von Menschen mit *wohlbegründeter* Autorität zu fügen. Es ergibt soviel Sinn, dass wir uns oft sogar fügen, wenn es überhaupt keinen Sinn ergibt."[22]

Unternehmen, die gut sind, brauchen also mindestens 12 Monate, bis Veränderungen zum Guten herbeigeführt sind und das auch in den Zahlen sichtbar wird. Müssen Sie in diesen schlechten Zeiten nun auch noch mühsam Vertrauen neu aufbauen, werden Sie wohl viele weitere Monate, vielleicht Jahre benötigen. Monate, die Sie in die Pleite führen können. Sie haben kein Vertrauen gesät und deshalb können Sie jetzt nicht ernten. *Recht so, der Wettbewerb hat entschieden.*

Sollten Sie in eine solche Situation kommen, wechseln Sie sich selbst und das Topmanagement aus, am besten komplett. Bemühen Sie sich um einen Vertrauensvorschuss für die „Neuen", die es dann eben richten müssen, und sagen Sie den Mitarbeitern, wie es um die Firma steht. Verlieren Sie keine Zeit mit vielen Gesprächen, sondern verlangen Sie unbedingtes Folgeleisten für eine beschränkte Zeit von ca. 12 Monaten. Schließlich steht Ihre Mannschaft auch mit dem Rücken zur Wand.
Hoffentlich verfügen Sie noch über die nötigen Ressourcen und Finanzen. Schauen Sie sich die Position Ihres Unternehmens auf Abbildung 72 an.

Wo stehen Sie heute? Wo müssen Sie hin? Steht Ihr Unternehmen im *linken unteren Quadranten,* brauchen Sie diese Herausforderung nicht anzugehen, denn Sie sind pleite. Sie haben nicht das nötige Kapital und beherrschen mit Ihrer Mannschaft die Prozesse nicht. Sie haben kein Geld, um zu investieren. Besser heute aufhören als morgen. Kümmern Sie sich um eine qualitative Insolvenz.

Finden Sie sich im *rechten unteren Rand* wieder, haben Sie noch eine geringe Chance. Machen Sie allerdings weiter wie bisher, stehen Sie demnächst vor dem Konkurs. Denn Standardwege führen zu Standardergebnissen. Es ist nur

[22] **Robert B. Cialdini,** Die Psychologie des Überzeugens, Huber Verlag, 2004

eine Frage der Zeit, bis Sie das Restvermögen der Firma verfrühstückt haben. Wie viel Geld haben Sie noch in der Kasse? Wie schnell müssen Sie etwas tun? Wie viel Zeit lässt Ihnen die Branche? Sollten Sie wenigstens noch ein Jahr durchhalten können, haben *Sie je nach Branche gerade noch eine Chance. Nur eine!* Haben Sie weniger Vermögen in der Kasse, können Sie es nicht mehr aufhalten. Sie sind pleite, wollen es aber wohl noch nicht wahrhaben.

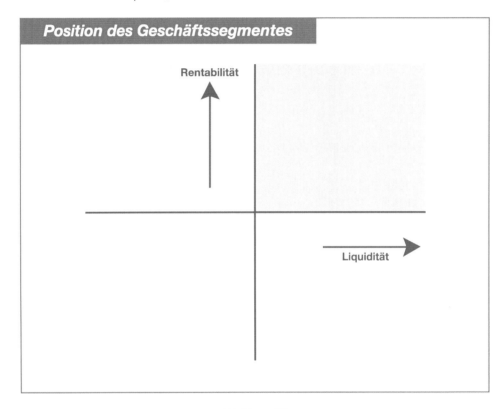

Abbildung 72

Dies ist der wirkliche Grund, warum KMUs durch eigenes Verschulden bankrottgehen – sie warten zu lange. Ihre allerletzte Chance haben Sie, wenn Sie noch 12 Monate durchhalten können, die Banken nicht wissen, wie schlecht es um Ihre Firma bestellt ist, und Sie noch genügend Geld zur Finanzierung der Veränderungen haben. Auch wenn dies alles auf Sie zutrifft, sind Sie noch nicht durch, denn Sie machen mit Ihrer Mannschaft Verluste. Sie beherrschen mit Ihrer Mannschaft die Prozesse nicht. Jetzt müssen Sie auch noch ohne Zeitverlust Ihre Crew von den notwendigen Veränderungen überzeugen.

Erst die Not macht die Verhaltensveränderung „not-wendig". Waren Sie, war die Leitung bisher glaubwürdig? Waren Sie wahrhaftig? Haben Sie ein neues Konzept? Sollten Sie eine gute Mannschaft haben und selbst ein Unternehmer sein (ein Manager sein alleine reicht eben hier nicht mehr), dann nutzen Sie diese, Ihre letzte, Chance. Haben Firmen in solchen Situationen ein geeignetes Team, dann sind sie noch zu retten. Dies ist genau die Situation, in der Menschen wie ich gerne mithelfen. Eine dankbare Aufgabe.

Befinden Sie sich im *linken oberen Quadranten,* sind Sie mit Ihrer Mannschaft erfolgreich, aber arm. Sie beherrschen die Prozesse. Sie sind gute Unternehmer. Warum sind Sie so arm? Wer zieht das Geld aus Ihrer Firma? Warum haben Sie keine finanziellen Reserven aufgebaut? Warum sind Sie so anfällig? Bei einem kleinen Gegenschlag – mit dem immer gerechnet werden muss – sind Sie ein Pleitekandidat. Sie rutschen nach unten. Wer hat Sie so hoch verschuldet? Welche Holding hält Sie kurz? Wer saugt Ihre Substanz aus? Ist Ihr Eigentümer als Unternehmer unfähig? Wer raubt Ihnen mitsamt Ihrer Mannschaft die Zukunft? Es sind Firmen, die in diesem Viertel stehen, die gerne aufgekauft werden. Allerdings kommt es kaum dazu, denn meistens wird auf den nächsten Rückschlag gewartet und dann, Sie wissen schon, „*der Wettbewerb wird es schon richten*"!

Wenn Sie *im rechten, oberen Quadranten* stehen: Glückwunsch, bleiben Sie dort. Sie beherrschen nicht nur Ihre Prozesse, Sie haben auch das Geld, um in die Zukunftssicherung des Unternehmens zu investieren. Nutzen Sie die Erkenntnisse des Marketings dazu, die Kundenbedürfnisse noch besser zu befriedigen. Motivieren Sie Ihre Mannschaft zur Höchstleistung – geben Sie vom Erfolg und Gewinn ab. Teilen Sie und werden Sie ein „selbst lernendes Unternehmen". Aber Vorsicht: Nichts ist so problematisch für den Erfolg von morgen wie der Erfolg von gestern.

Um ein „selbst lernendes Unternehmen" zu werden, brauchen Sie die Veränderung zu einer Gewinnerkultur. Wie kommen Sie dorthin? Beginnen Sie mit der veränderten Kommunikation. Abbildung 73 zeigt die Wirkungskette.

Die Kommunikation bei Veränderungen

	Mitteilung		Begründung		Erläuterung		Integration		Ergebnis
Ziel	Mitwissen		Mitdenken		Mitsprache		Mitwirkung		
Wirkung	Vertrauen	+	Zustimmung	+	Sicherheit	+	Mitverant-wortung	=	Gewinner-kultur
Risiko	Unsicherheit	oder	Ablehnung	oder	Widerstand	oder	Passivität	=	Verlierer-kultur
Abhilfe	frühzeitig		Zweck-mäßigkeit		Diskussion Vorteile aufzeigen		Vorschläge und Änderungen zulassen		

Abbildung 73

Waagerecht finden Sie den Akt der Kommunikation, senkrecht das Ziel mit Wirkung, Risiko und Abhilfe. Eine Gewinnerkultur innerhalb des Unternehmens erhalten Sie nur, wenn Sie

das Vertrauen der Menschen besitzen + ihre Zustimmung erreichen + Sicherheit bieten + Mitverantwortung erzielen können.

146

Sozialwissenschaftler sind zu der Erkenntnis gelangt, dass Menschen sich dann innerlich für etwas verantwortlich fühlen, wenn sie glauben, dass sie keinem besonderen äußeren Druck ausgesetzt worden sind. Sie schaffen dieses Kulturniveau nur, wenn Sie auf dem langen Weg der Veränderungen alle Stadien der Kommunikation durchlaufen haben. Das gegenseitige Vertrauen ist die Grundvoraussetzung einer Partnerschaft. Eine lange und mühsame Reise. Vielleicht wollen Sie doch lieber zurück zur schnellen Form der Führung mit Befehl und Kommando?

Viele Firmen bleiben auf dem Niveau der Mitteilung stecken und erhalten von der Mannschaft keine Zustimmung (Abbildung 73). Noch mehr erreichen nicht einmal diese Stufe, da sie nicht in der Lage sind, frühzeitig zu informieren. Diese Firmen haben nicht das Vertrauen ihrer Mitarbeiter. Sie haben auch nicht die Leitung, die das Vertrauen rechtfertigen könnte.

Wenn Sie das Mitdenken Ihrer Mitarbeiter wollen, dann müssen Sie begründen. Wollen Sie am Ende der Kette auch das Mitwirken, dann müssen Sie integrieren. Nur so überwinden Sie die Passivität im Unternehmen. Appelle reichen nicht. Motivieren Sie. Motivieren bedeutet, Wahlmöglichkeiten zu bieten. Denn nur wer eine Situation als selbst gewählt erlebt, ist mit ganzem Herzen bei der Sache.

Noch einmal:

Sie müssen die Mitarbeiter dort abholen, wo sie stehen.
Nicht dort, wo Sie wünschen, dass sie stünden.

Ein mühsamer Weg. Sie werden dazu einen langen Atem brauchen und eine Führung, die ihre Motivation aus sich selbst schöpft.

3.6 Ursachen für Umsetzungsmangel, Berater, Dringend & Wichtig, first mover, Produktdetails

Was sollen Sie in welcher Reihenfolge umsetzen?

Für manchen ist es sehr verführerisch, in einem Konjunkturtal mit steigender Arbeitslosigkeit Personalkosten kurzfristig durch Entlassungen anpassen zu wollen. Haben Sie wirklich die „Ultima Ratio" oder fällt Ihnen etwas anderes ein? Natürlich fällt Ihnen etwas ein! Sie starten Projekte, lassen Teams nachdenken. Schließlich wollen Sie mehr verkaufen, weniger Produktionskosten haben, schneller und flexibler sein.

Es genügt jedoch nicht, nur einen Teil der Prozesse zu verbessern. Sie müssen alle gleichzeitig angehen. Das schwächste Glied ist zwar entscheidend für Ihre Verbesserungen, aber nur hier ein wenig besser zu werden wird nicht reichen. Sie werden mehrere schwache Glieder haben. Also starten Sie noch mehr Projekte. Allerdings:

Der Konzepteuphorie folgt dann regelmäßig die
Umsetzungsdepression.

Was tun?

Versuchen Sie, möglichst ohne Berater auszukommen. Gelingt Ihnen das nicht, dann sagen Sie ganz genau, was wann fertig sein sollte. Je kürzer der Zeitraum, in dem ein Berater in Ihrer Firma Ihre Mannschaft frustriert, umso besser. Achten Sie bei der Auswahl des geeigneten Beraters insbesondere auf fundierte Kenntnisse in den Bereichen Moderation und Coaching. Denn das Wissen, das Sie für Ihre Veränderungen benötigen, kommt weitgehend aus der eigenen Mannschaft. Ein Berater sollte daher vornehmlich mit seinem Methodenwissen, Moderation und in der Kommunikation behilflich sein.

Bedauerlicherweise werden Sie Ihre Wunschergebnisse – mit oder ohne Berater – wohl nicht erreichen. Denn trotz stimmiger Anfangsanalyse ist die Wahrscheinlichkeit hoch, dass Projekte scheitern. Warum? Das können Sie in dicken Büchern, wissenschaftlichen Abhandlungen und Doktorarbeiten nachlesen. Oder aber Sie sparen sich diese zeitaufwändige Lektüre und werfen einen Blick nach unten auf Abbildung 74.

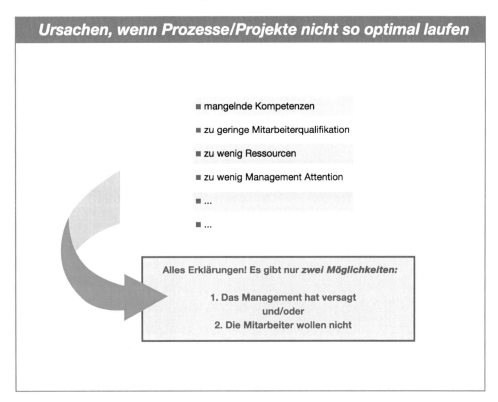

Abbildung 74

Nun, was ist bei Ihnen? Haben Sie versagt? Wenn ja, dann starten Sie neu. Leider haben Sie Zeit verloren. Machen Sie es im zweiten Anlauf besser, und machen Sie sich etwas mehr Gedanken um die wichtigste Ressource im Unternehmen: das Personal. Hier liegt wohl Ihr größter Kostenfaktor, hier liegen aber gewiss auch die höchsten Potenziale. Wenn Sie glauben, Ihre Mitarbeiter wollen nicht, wissen Sie aus den vorherigen Kapiteln, welche Barrieren Sie beseitigen müssen.

Eine zusammenfassende Darstellung bietet Abbildung 75.

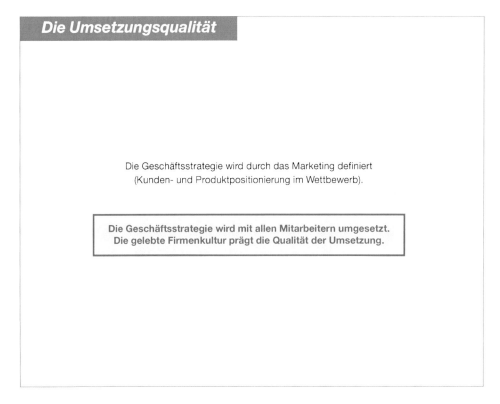

Die Umsetzungsqualität

Die Geschäftsstrategie wird durch das Marketing definiert
(Kunden- und Produktpositionierung im Wettbewerb).

**Die Geschäftsstrategie wird mit allen Mitarbeitern umgesetzt.
Die gelebte Firmenkultur prägt die Qualität der Umsetzung.**

Abbildung 75

Beides ist notwendig, Geschäftsstrategie und Firmenkultur. Es braucht beides gleichzeitig. Qualitatives Marketing und Umsetzung durch die Mitarbeiter. Falls Sie die Umsetzungsqualität verbessern müssen, dann gehören Sie und Ihre Firma zur breiten Masse in Europa. Von dieser Mehrheit sollten Sie sich verabschieden. Machen Sie es also besser.

Dass die Umsetzung eine Frage der Motivation der Leitung und Mitarbeiter ist und wie dies zu erreichen ist, war bereits ausführlich unser Thema. Erfolgreiche Unternehmen haben Mitarbeiter, die zwischen *wichtigen und nicht wichtigen Vorgängen sowie zwischen dringenden und nicht dringenden unterscheiden.*

Das ist nicht nur ein Thema der Kommunikation, sondern auch eines der Beherrschung von „persönlichen Arbeitstechniken". Es gibt natürlich auch „Künstler", denen es gelingt, durch geübtes Ignorieren unnötige Dringlichkeit zu erzeugen. Diese Menschen sind normalerweise nicht in einem wettbewerbsorientierten Unternehmen tätig. Schauen Sie auf Abbildung 76 und ergänzen diese mit Ihren Wichtigkeiten.

„Dringendes und Wichtiges" wird sofort erledigt. Danach ist die Arbeitszeit für „nur noch wichtige Dinge" frei.

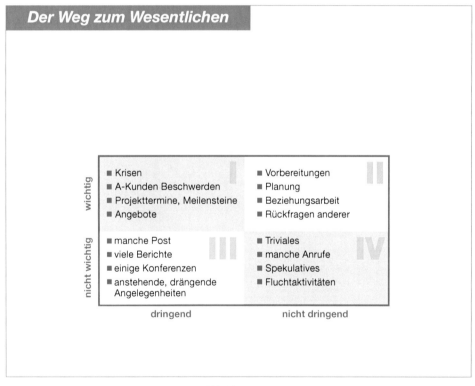

Abbildung 76

Beginnen sollten Sie mit den Themen,
die Sie nicht besonders mögen.

Wenn Unangenehmes erledigt ist, fühlt man sich freier und ist leistungsfähiger. Sie werden wieder kreativ.

Bedenken Sie, innovative Produkte entstehen durch innovative Mitarbeiter. Eine Innovation, wenn sie mehr sein soll als eine technische Machbarkeit, ist erfolgreich am Markt. Sie dürfen laut Theorie des „first mover" weder zu früh noch zu spät starten. Sie sollten also versuchen, den optimalen Zeitpunkt zu ermitteln. Dies ist der Zeitpunkt, wo Sie einen optimalen Nutzen erzielen können. Siehe hierzu folgende Darstellung.

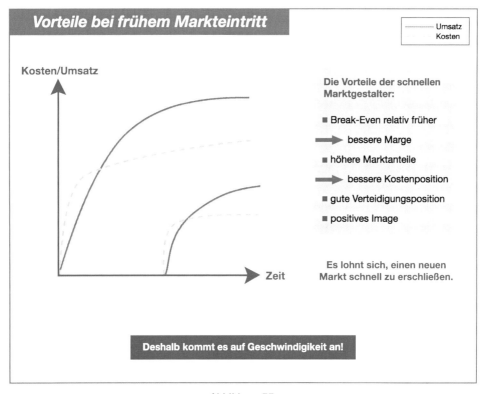

Abbildung 77

Der Erste, der mit einem neuen Produkt zum richtigen Zeitpunkt auf dem Markt ist, hat das Potenzial, höhere Marktanteile zu gewinnen. Auch seine Marge ist am größten. Im eingeschwungenen Zustand sind die Kosten am niedrigsten und damit in diesem Produktsegment die Gewinne am höchsten. Leider zahlen Sie als Preis die höheren Markteinführungskosten.

Der Zweite liegt ebenfalls auch noch richtig. Sein Anteil am Markt und in der Marge ist niedriger als die des Ersten, er ist ja auch später gestartet. Nummer drei wird kaum noch seine Entwicklungsgelder zurückerhalten und Nummer vier sollte lieber gar nicht erst starten und auf die nächste Innovation warten. Diese hat er bereits verschlafen. Erfolgreiche Firmen sind die Ersten oder Zweiten.

Man sollte nicht vergessen, dass es auch ein „Zu früh starten" gibt. Das erzwingt dann den Rückzug vom Markt und damit die komplette Abschreibung der Entwicklungs- und Fertigungsinvestitionen. Um den Schaden des Rückzugs zu begrenzen und die Glaubwürdigkeit am Markt zurückzuerhalten, ist eine erhöhte Kundenbearbeitung nötig. Sollten Sie ein „Start-up" leiten, haben Sie nur eine Chance: der Erste zu sein, ohne zu früh zu starten.

Es kommt also nicht nur auf den Kundennutzen der Produkte an, sondern auch auf den Zeitpunkt der Markteinführung. Überlegungen über den Ist-Zustand waren Teil des strategischen Marketings (Kap. 3.1). Es dokumentierte u. a. die Leistungsfähigkeit, die Schwächen und Stärken im Bereich der *heutigen* Produkte. Davor kamen die Betrachtungen über das Soll, über die Zukunft. Die Zukunft aber findet nicht statt, wenn Sie nicht kurzfristig (12 Monate) auch die richtigen Maßnahmen umsetzen. Fragen Sie sich, mit welchen Produkten Sie das Geschäft des laufenden Jahres machen wollen. Wahrscheinlich haben Sie mehrere Produkte, dann beantworten Sie die Fragen von Abbildung 78 jeweils getrennt und erstellen danach das Budget.

Es ist notwendig, dass Sie wissen, welchen Gewinnbeitrag (Deckungsbeitrag) die einzelnen Produkte liefern. Machen Sie Verluste, dann kümmern Sie sich nur noch um die Restrukturierung Ihrer Firma. Sie müssen zurück in die Gewinnzone, sonst findet die Zukunft ohne Sie und ohne Ihre Mannschaft statt.

Welche Produkte haben Sie?

- Was tun Ihre Produkte?
- Wo werden Ihre Produkte eingesetzt?
- Welche Aufgabe erfüllen Ihre Produkte?
- Welche Typenvielfalt haben Ihre Produkte?
- Welche Synergien zwischen den Produkten haben Sie?
- Gibt es regionale Unterschiede?
- Anzahl der Jahre seit der Markteinführung.
- Wie hoch sind das Volumen und der Deckungsbeitrag einzelner Produkte?
- Wie hoch ist die eigene Wertschöpfung?

Abbildung 78

Haben Sie nun diese Analysen durchgeführt, können Sie beginnen, Ihren Businessplan für die nächsten zwei Jahre zu erstellen. Businesspläne mit Umsätzen, Kosten und Investitionen, die sich auf einen längeren Zeitraum erstrecken, sind reine Fantasiegebilde. Lassen Sie sich bei der Erstellung des Businessplanes von Folgendem leiten: Es geht um das Business, nicht um den Plan,

... but ...
If you fail to plan, your plan is to fail!

3.7 Kommunizieren, physische/psychische Gewalt, logische/emotionale Bearbeitung, Wahrheit/ Gewissheit, Wahrhaftigkeit, Win-win, Kampfgespräch, Totschläger

Wie wird in Ihrer Firma kommuniziert?

Wenn Sie nicht mit dem Rücken zur Wand stehen, versuchen Sie es mit der Gewinnerkultur aus Kapitel 3.5 (Abbildung 73). Dazu aber müssen Sie die Fähigkeit zur Kommunikation gelernt haben, denn Sie müssen schlüssig überzeugen, warum das Neue „mehr bringt" als das Alte. Ringen Sie um Zustimmung, gewinnen Sie Ihre Mitarbeiter.

Zunächst sollten Sie sich darüber im Klaren sein, dass Sie mit Worten ebenso viel Gewalt anwenden können wie mit Muskelkraft. Auch Worte können fahrlässig töten. Auch durch Worte kann es Verletzung mit Todesfolge geben, ja es gibt tatsächlich den verbalen Bestand des Totschlags. Mit Worten kann sich ein Mensch kriminell an anderen vergehen. Fragen Sie sich bitte einmal:

*Warum ist physische Tötung strafbar,
psychische Tötung hingegen nicht?*

Die Unterschiede zum tätlichen Angriff sind zweierlei: Verletzungen an der Seele sind für viele Menschen nicht sichtbar. Es handelt sich hier um einen Mord ohne Blut. Doch Mord bleibt Mord, auch dann, und das ist der zweite Unterschied, wenn verbale Gewaltakte kaum juristisch verfolgt werden.

Was ist das für eine Gesellschaft, in der das Zufügen von psychischem Schaden zur normalen Umgangsform innerhalb von Auseinandersetzungen gehört? Was ist das für ein Unternehmen, bei dem psychisch geschädigt und „klein"gemacht werden darf sowie verbales Kampf- und Kriegsverhalten gestattet ist? Ist dies ein Platz, an dem Sie Leistung bringen können? Diese Art Unternehmen führt tatsächlich Krieg. Sie führen Krieg intern, am Markt, wenn nötig auch mit ihren Kunden. Diese Unternehmen bekommen Mitarbeiter, die gerne kriegerisch tätig sind und mitspielen, die passenden Kunden erobern und sie finden die dazu kommandierenden Generale.

Entscheiden Sie sich, ob Sie ein Krieger sind oder ob Sie Wettbewerb als Ansporn sehen. Ob Sie einen Sinn darin sehen, eine Welt zu schaffen, die besser ist als die, die Sie vorgefunden haben. Wenn Sie kein Krieger in einem nicht kriegerischen Unternehmen sind, bedenken Sie, am Markt sind diese Krieger unterwegs. Schlagen Sie sie, aber nicht mit den gleichen Mitteln. Vernichten Sie nicht, sondern lassen Sie einfach das Sterben von Schwächeren zu.

Ihre Firma aber müssen Sie stärken, indem Sie alle Kraft, die Ihrer Mannschaft zur Verfügung steht, dafür einsetzen. Vorhandene interne Blockaden (Kap 3.4) müssen überwunden werden. Dazu ist möglicherweise die Kommunikation neu zu erlernen, und Ansprüche daran sind neu zu definieren.
Kommunikation heißt alle Sinne gebrauchen, wie in Abbildung 79 dargestellt.

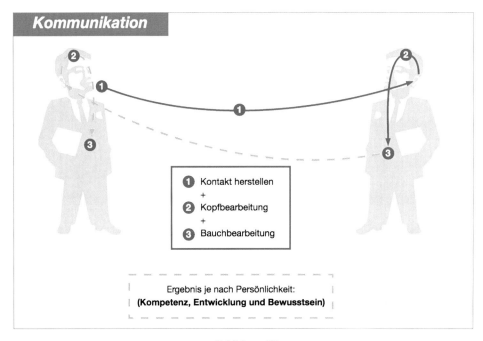

Abbildung 79

Kommunizieren bedeutet erst einmal zuzuhören. Noch mal zuzuhören und noch mal zuzuhören. Sie brauchen wirklich große Ohren. Was Sie hören, landet zur Bearbeitung sinngemäß in *Ihrem Gehirn und Ihrem Bauch.* Im Gehirn wird das Gehörte „logisch" aufbereitet. Können Sie die Worte interpretieren? Akustisch haben Sie sie aufgenommen, aber haben Sie den anderen auch wirklich verstanden? Haben Sie eine Definitionsgleichheit der Worte? Eine inhaltlich ähnliche Begrifflichkeit? Bedenken Sie, es ist Ihr Gehirn, das Gesagtes verarbeitet. Es unterliegt bereits Ihrer Interpretation, ist also per se schon subjektiv. Worte können dieselben sein, doch wie etwas gesagt und wie etwas verstanden wird, kann durchaus divergieren.

Wenn Sie es als Ihre Aufgabe ansehen, den anderen verstehen zu wollen, dann wird Ihnen das auch gelingen, gegebenenfalls werden Sie eben nachfassen und nachfragen. Wollen Sie den anderen nicht verstehen – der soll sich gefälligst besser ausdrücken, wenn er was anderes meint –, dann schaffen Sie auch das. Dazu müssen Sie auch gar nicht erst nachfragen, denn Ihre Interpretation steht bereits.

> „Ihr Gegenüber überlegt, was Sie wohl denken, was er möglicherweise darüber denkt, was Sie denken."[23]

Dies zeichnet die menschliche Spezies aus und bietet damit einen großen Raum für Spekulationen aller Art. Nachfragen, um zu verstehen, ginge natürlich auch.

Kommunikation heißt nach dem Zuhören zuerst sicherzustellen, dass man den anderen auch wirklich verstehen will. Bevor Sie beginnen zu hinterfragen, sollten Sie sich über Ihre Bearbeitung im Bauch im Klaren sein, also über Ihre emotionale Bearbeitung des Gesagten. Alle Signale – die Körperhaltung ihres Gegenübers, die Art, wie jemand spricht, der Ton seiner Stimme, ja sogar sein Aussehen, all das und noch vieles mehr – sind bereits bei Ihnen belegt. Sie haben dem anderen bereits eine Schublade zugewiesen. Wenn der Kerl so aussieht wie der Liebhaber Ihrer Frau, wenn das die Stimme ist, die Sie früher

---

[23] **Steven Pinker,** Wie das Denken im Kopf entsteht, Kindler Verlag, 1998

ständig ermahnt hat, wenn die Art zu sitzen Sie an Ihren Übervater erinnert, ja dann hat der andere von vornherein keine Chance.

„Sie selbst nehmen die Wirklichkeit nicht wahr, wie sie ist,
sondern wie Sie sind."[24]

Sie beurteilen den anderen weitgehend intuitiv und damit nach Ihren persönlichen Interessen entsprechend Ihren Erfahrungen, Erwartungen und Bedürfnissen. Sie erschaffen sich das Gegenüber mithilfe Ihrer eigenen geprägten Kriterien. Sie haben den anderen emotional belegt und damit seine Aussagen gleich mit. Dies findet immer statt, auch wenn Sie sich nicht immer darüber im Klaren sind. Weil: Andere wirken auf Sie immer! Sie wirken auf andere immer!

„Das Bewusstsein kann pro Sekunde nur 125 Byte an Informationen und nur 40 Byte an menschlicher Sprache verarbeiten, während unsere Sinne bis zu 10 Millionen Byte Input pro Sekunde aufnehmen. Das limbische System liefert uns bei der Interaktion mit anderen eine sofortige Interpretation in Bezug auf Glaubwürdigkeit und Vertrauenswürdigkeit."[25]

Besonders wichtig ist es zu erkennen, dass die emotionale Bearbeitung gewichtiger ist als die logische. Sie müssen schon eine sehr starke Persönlichkeit mit sehr großer Sensibilität und hohem Bewusstsein besitzen, wenn Sie Logik und Emotionen einigermaßen gleichgewichtig betrachten können. Meistens wird Logik dazu benutzt, die emotionale Bearbeitung zu begründen, nicht umgekehrt.

„Nicht die Welt erzeugt unsere Erfahrung, sondern unsere Erfahrung erzeugt die Welt. Deshalb sind alle Schwierigkeiten mit anderen Menschen Probleme mit unserer eignen Weltsicht. Wir verteidigen unsere Vergangenheit, rechtfertigen unsere Werteentscheidungen, restaurieren unser inneres Museum."[26]

---

[24] Reinhard K. Sprenger, Aufstand des Individuums, Campus Verlag, 2001
[25] Robert K. Cooper & Ayman Sawaf, EQ, Heyne Verlag, 1997
[26] Reinhard K. Sprenger, Aufstand des Individuums, Campus Verlag, 2001

Ihre Bearbeitung ist also subjektiv und abhängig von Ihrem Lebenslauf, Ihrer Erziehung, Ihrem Kulturkreis, Ihrer Bildung und Ihren Erfahrungen. Damit ist auch klar:

Es gibt nicht eine Wahrheit, es gibt deren viele.
Jeder hat seine eigene persönliche Wahrheit.

Kommunizieren bedeutet nacheinander: zuhören, bearbeiten, verstehen wollen, wissen um die eigene Subjektivität, respektieren, dass der andere anders ist. Kommunizieren bedeutet, so lange zu fragen, bis Sie den anderen in seiner Subjektivität verstanden haben.

> „Das verlangt Toleranz, d. h., beide wissen, sie verfügen nicht über die Wahrheit, sondern nur über verschiedene Arten von Gewissheit – und sind soweit in genau derselben Situation. Beide können jedoch sinnvoll streiten, wessen Gewissheiten zu brauchbareren und nützlicheren Handlungen führen."[27]

Jetzt erst können Sie sich daranmachen auszuloten, ob und in welchen Punkten Sie gleicher Meinung sind. Bei unterschiedlichen Auffassungen müssen Sie verstehen, woran dies liegt, und Ihr Augenmerk auf die Bewertung richten. Warum so, warum diese Gewichtung, warum diese Priorität? Die Unterschiede sind dabei das Wertvolle im Gespräch.

Anschließend kommt es auf *Ihre* Wahrhaftigkeit an. Haben Sie wahrhaftig gesprochen? Wenn ja, wird Ihr Gegenüber dies bemerkt haben.

> „Menschen sind Meister im Aufspüren von falschen Gefühlen und vertrauen am meisten den unwillkürlichen Signalen des Körpers."[28]

Ist auch Ihr Gegenüber in der Lage, wahrhaftig zu sein, werden Sie ein erfülltes Gespräch haben, sich verstehen. Bedenken Sie aber:

---

[27] **Rupert Lay,** Kommunikation für Manager, Ercon Verlag, 1991
[28] **Steven Pinker,** Wie das Denken im Kopf entsteht, Kindler Verlag, 1998

„Es ist leicht, schonend und wertschätzend zu sein.
Es ist leicht, schonungslos und abwertend zu sein.
Schwer ist es, wertschätzend und schonungslos zu sein."[29]

Sie sind vielleicht unterschiedlicher Meinung, aber wissen nach einem offenen Gespräch warum. Sie können sich darauf einigen, wie es weitergehen kann, wohin auch immer. Sie sind beide stärker geworden. Ihre jetzige gemeinsame Lösung ist besser als eine getrennt gesuchte und damit isolierte. Zwei Köpfe, die kommunizieren, sind besser als einer. Laut Joachim Bauer war es ein Gespräch zu viert.

„Ein Gespräch zu zweit ist immer ein Gespräch zu viert:
1. die beiden Personen, wie Sie selbst zu sein glauben
2. die beiden Personen, wie Sie glauben, dass der jeweils andere sei."[30]

Haben Sie taktiert? Haben Sie Ihre Machtposition sichtbar gemacht? Haben Sie etwa gedroht? Waren Sie unwahrhaftig? Dann haben Sie dem anderen keine Chance gegeben. Sie wollten auch nicht kommunizieren, Sie wollten höchstens informieren. Vielleicht haben Sie sich durchgesetzt. Möglicherweise mussten Sie sehr deutlich werden und haben mit ein wenig Druck nachgeholfen? Wahrscheinlich haben Sie dann Ihren Mitarbeiter oder Kollegen bereits verloren, ihn blockiert. Bei einer Blockade läuft sinnbildlich Folgendes nacheinander ab:

• Der Bauch wird aufgeblasen
• Der Hals geht zu
• Die Sensorik ist eingeschränkt

Dies führt zu Explosion oder Rückzug. Wie endete Ihre Kommunikation? Haben Sie Ihr Gegenüber emotional getroffen, dann bläht sich der Bauch auf. Er ist nur noch mit seiner Wunde beschäftigt, nicht mehr mit dem eigentlichen

---

29 Reinhard K. Sprenger, Aufstand des Individuums, Campus Verlag, 2001
30 Joachim Bauer, Warum ich fühle, was du fühlst, Hoffmann und Campe Verlag, 2005

Thema. Folgen Sie dann diesem Kurs weiter, verstärken ihn, kommt bei ihm kaum noch eine Bearbeitung zu Stande. Auch keine logische. Die Wahrnehmungsfähigkeit von Menschen in dieser Situation ist stark eingeschränkt. Es kommt zur Explosion oder zum Rückzug. Herzlichsten Glückwunsch! Sie haben einen Mitarbeiter überredet. Sie waren stark, Sie haben sich durchgesetzt, Sie haben aufgezeigt, wo es langgeht.

In einer gewinnbringenden Kommunikation dagegen beachten die Beteiligten folgende Regeln.

Ansätze zur Verbesserung der Kommunikation

- Schaffung eines *günstigen Umfeldes* (Störungen vermeiden)

- *Aktives Zuhören* (ausreden lassen, nachfragen)

- *Gleichberechtigtes Gespräch* (vermeiden von „Gewinner-/Verlierer-Gesprächen")

- Suche nach *Win-win-Situationen* (Beide haben einen Vorteil!)

Abbildung 80

Sollten Sie dagegen eine Kampfsituation vorfinden, ist eine Kommunikation nicht möglich. Solche Umfelder gibt es. Ein abschreckendes Beispiel hierfür

161

ist die politische Branche. Dort geht es schlicht um Macht. Wenn Gegner aufeinandertreffen, finden Sie folgendes Verhalten:

„Gegner hören genau auf das, was der andere sagt, nicht etwa um dessen Standpunkt zu verstehen, sondern um besser zum Gegenschlag ausholen zu können."[31]

Sie wollen provozieren, siegen, nicht wirklich verstehen. Mancher „Sieger" will nicht nur gewinnen, sondern vernichten. Sie werden trotz aller ehrenwerten Bemühungen nicht jeden erreichen können. Es gibt Menschen, mit denen sich eine Kommunikation als schlichtweg unmöglich erweist. Aus psychotherapeutischer Sicht besteht sogar Grund zu der Annahme, dass Personen, die im privaten Umfeld Schwierigkeiten mit der zwischenmenschlichen Kontaktpflege haben, in hohem Maße besonders anfällig für gehorsame irrationale und destruktive Reaktionen sind.

Wenn auch Sie unter Kommunikationsschwierigkeiten leiden, sollten Sie Ihr Kommunikationsverhalten überprüfen. Meiden Sie Kreise, die nicht verstehen wollen. Meiden Sie Personen, die giftig sind. Antworten Sie niemandem, der lauert! Doch verändern Sie Ihr Verhalten, denn: Wer emotional intelligent ist, setzt auf Zusammenarbeit mit gleichwertigen Partnern und versucht zu kommunizieren.

Kommen wir zu den *Totschlägern,* die schon kurz in Kap. 3.4 erwähnt wurden. Es gibt eine Reihe von Menschen, die es darauf anlegen, keine Kommunikation stattfinden zu lassen. Oft ist es im Interesse der Betroffenen, ein Thema zu blockieren bzw. einen Austausch zu verhindern. Ist die Kommunikation nicht offen, sollten die wirklichen Gründe für die Verhinderungsstrategie nicht offengelegt werden. Wenn Argumente schwach oder niederträchtig sind, greifen Menschen zu diesem verbalen Vehikel der Totschläger. Ziel dabei ist eine Demotivation bei den anderen oder ein Ende des Themas zu erreichen. Immer dann, wenn Kommunikation verweigert wird, können Sie u. a. folgende Behauptungen hören:

[31] **Bertold Ulsamer,** Karriere mit Gefühl, Campus Verlag, 1996

- Das geht so nicht.

- Das wird nie funktionieren.

- Die ... haben versagt.

- Die Kunden wollen das so.

- Das ist nicht meine Aufgabe.

- Das war schon immer so.

- Bei uns ist alles in Ordnung.

- Das war schon mal da; hat auch damals nicht funktioniert.

- Sollen die anderen doch zuerst mal anfangen.

- Dann müssen die Kunden das eben zahlen.

- Das, was Sie wollen Herr ..., geht bei uns nicht. Am Ende haben wir nur noch Chaos.

Abbildung 81

Haben Sie es mit solchen Aussagen zu tun, dann machen Sie Ihren Gesprächspartner darauf aufmerksam, dass er mit „Totschlägern" arbeitet. Erklären Sie, was Totschläger sind und welche Ziele damit verfolgt werden. Er wird voraussichtlich betroffen reagieren. Sie müssen den Betroffenen sofort wieder aktiv und kreativ in das Teamgeschehen einbinden. Bauen Sie eine emotionale Brücke, denn Sie wollen ein funktionierendes Team. Sie streben die Vernetzung der Gehirne mit unterschiedlichen Fähigkeiten und Eigenschaften an. Arbeiten Sie beharrlich weiter an der Gewinnerkultur. Bedenken Sie weiterhin: Ein Mensch kann intelligent sein, muss aber nicht. Ein Team intelligenter Menschen ist so lange blöd, bis die Selbstüberschätzung und der Selbstbetrug Einzelner verbannt sind. Erschwerend kommt hinzu, dass Ihr Team bestehend aus 10 Mitgliedern lt. Joachim Bauer mit 91 Personen kommunizieren muss.

3.8 Macht, Verhalten von Mächtigen, Machtmodelle, Macht & Führung, Anpassung, Führungsprinzipien, Wie führt ein Leader?

Wer hat Macht in der Firma?
Welches Machtmodell herrscht?
Haben Sie Leader?

„Lexikalisch gesehen, ist Macht das Verhältnis von Über- und Unterordnung zwischen Personen, in Gruppen und Organisationen. Macht erfordert – im Unterschied zur Autorität des Leaders – keinerlei Anerkennung der Betroffenen."[32]

Sie äußert sich in Rollenbehauptungen, wie zum Beispiel Mann-, Eltern-, Chefrollen, aber auch im Aufbau von Machtpositionen, so wie Vorstands-, Bürgermeister-, Bischofpositionen. Vereinfacht gesagt: Macht betrifft im Wesentlichen Handlungen zwischenmenschlicher Beziehungen.

Macht an sich ist neutral, sozusagen wertfrei. Erst der Umgang mit Macht und die Beweggründe ihrer Ausübung verleihen ihr den individuellen Wert.

Ein positiver Grund, eine Machtausübung anzustreben, kann aus der Erkenntnis hervorgehen, dass es ohne Sie schwer oder langwierig wäre, notwendige Veränderungen in einer Gruppe oder Firma herbeizuführen. Der Versuch, Katastrophen wie Klimaveränderung oder Firmenpleiten zu vermeiden, ist gewiss ein ehrenwertes Motiv. Vielleicht gilt auch der Anlass, Schlimmeres verhindern zu wollen, für Sie noch als akzeptabel, weil Macht momentan überwiegend in den Händen von „Rattenfängern" liegt und Sie eine Machtverschiebung erreichen wollen. Im täglichen Leben, so Steven Pinker,

„müssen Sie keine Tyrannen vom Thron stoßen, wohl aber dem Dünkel zahlloser Angeber, Prahler, Maulhelden, Schwätzer, Selbstgerechter,

---

[32] **Hannah Arendt,** Macht und Gewalt, Piper Verlag, 1970

Scheinheiliger, großer Tiere, Besserwisser und Primadonnen die Grundlage entziehen."[33]

In der Berufswelt finden Sie all diese Typen. Ein wichtiger Antrieb für diese Menschen ist schon das Gefühl, mächtig zu sein. Es ist kein Zufall, dass die erfolgreichsten Karrieristen oft Napoleons Körpergröße und Statur haben. Kleinwüchsige Männer definieren sich öfter als andere über Berufserfolge und Machtbesitz. Ebenfalls ist es kein Zufall, dass ehemalige Vorstände von größeren Unternehmen, sobald sie „freigestellt" sind, oft eine jämmerliche Figur abgeben. Macht weg, Persönlichkeit weg? Pensionierte Vorstände haben dann etwas melancholisch Lächerliches.

Macht sollte nicht in die Hände von Menschen mit großer Eitelkeit, elitärem Gehabe und extremer Anpassungsfähigkeit gelegt werden. Kurz:

Personen mit großen Persönlichkeitsdefiziten
sollten keine Macht besitzen.

„Dies ist schon deshalb gefährlich, weil Macht von Natur aus expansiv ist, ihr wohnt ein „innerer Drang zu wachsen inne."[34]

Und: Wenn Macht vergeben wird, dann bitte schön auf Zeit.

Dies gilt nicht nur für die Politik. Das „Syndrom" der späten, gravierenden Selbstüberschätzung findet sich nach einiger Zeit auch im Machtzentrum von Unternehmen. Auch ein CEO (Vorstandvorsitzender) sollte daher spätestens nach acht Jahren gehen – ohnehin kann er nach einer so langen Zeit nichts mehr für die Zukunft der Firma beitragen. Er sollte lieber wieder lernen, etwas ganz Neues zu beginnen.

Die Mächtigen lassen sich natürlich auch beurteilen. Ähnlich wie in Abbildung 24 wollen auch sie ein Feedback von ihrer Umgebung. Allerdings wird

---

[33] **Steven Pinker,** Wie das Denken im Kopf entsteht, Kindler Verlag, 1998
[34] **Hannah Arendt,** Macht und Gewalt, Piper Verlag, 1970

das Ergebnis nicht unbedingt dem Zufall überlassen. Hier wird ein wenig die Machtposition genutzt, um solche Spiegelergebnisse zu beeinflussen. Es ist erstaunlich, wie wenig wahrhaftig diese Art der Spiegelungen in den höheren Hierarchien der europäischen Berufswelt ist. Außerdem muss man sich als Führungselite ja nicht unbedingt seine soziale Kompetenz bestätigen lassen, oder etwa doch? Sozialer Kompetenz haftet etwas von Weichheit und Durchsetzungsschwäche an. Das passt nicht besonders gut zu dem Image eines starken Managers. Vielleicht ist das gerade der wunde Punkt, warum die Hierarchie so gerne die Wunschdarstellung bereits vorweg nimmt. Gehorsame, folgsame Mitarbeiter werden Ihnen dementsprechend das gewünschte Feedback geben. Mit der Wirklichkeit hat das allerdings nicht mehr viel zu tun.

Macht verdirbt oft die Fähigkeit, sich selbst infrage zu stellen. Macht verhindert häufig die Möglichkeit einer zuverlässigen wahren Reaktion und verzichtet auf Erkenntnis. Denn gerade die von außen korrigierte und vielleicht sogar revidierte Selbsteinschätzung bietet die einzige Chance, an sich zu arbeiten, die eigenen Potenziale zu entdecken und die eigene Wirkung zu erhöhen.

Max Weber sagte das so:

> *„Jede Organisation, so man sie bewerten will, ist daraufhin zu überprüfen, welchem menschlichen Typus sie die optimale Chance gibt, herrschend zu werden.*
> *Dem Ähnlichen? Oder dem Einzigen."*[35]

Wenn Sie einen Job- oder Firmenwechsel anstreben, so sollten Sie versuchen, vorab die „Machtfrage" zu klären. In welche Machtstruktur werden Sie wohl künftig geraten? Es genügt, wenn Sie folgende Fragen beantworten können:

- Wozu dient diese Macht? (Was fördert sie? Was schafft sie? Ist sie ethisch begründet?)
- Welche Methoden werden zur Machtausübung benützt? (Ist sie transparent? Ist sie zielführend? Ist sie ganzheitlich?)

---

[35] **Max Weber,** Wirtschaft und Gesellschaft, Verlag Mohr Siebeck, 2005

Fragen Sie sich, bevor Sie sich in einem neuen Umfeld engagieren, ob die vorgefundene Art der Machtausübung die ist, die Ihren persönlichen Vorstellungen entspricht, und ob Sie sich darin wohlfühlen könnten. Wenn ja, haben Sie die Chance, dort erfolgreich und glücklich zu werden. Wenn nein, suchen Sie sich ein anderes Umfeld. Um Machtumgebungen von ihrem Verhaltenstrend unterscheiden zu können, betrachten Sie die folgenden zwei entgegengesetzten Modelle. Die der „Abgrenzung" und die der „Ausstrahlung" in Abbildung 82 und 83.

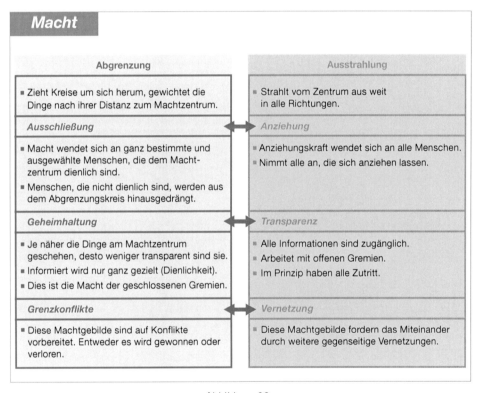

Abbildung 82

Natürlich gibt es abgeschwächte Formen der beiden Modelle. Was nicht existiert, ist die Vermischung. Die Modelle schließen sich gegenseitig aus. Am Führungsverhalten wird das ausgeübte Machtmodell erkannt. Das in der Wirtschaft am häufigsten anzutreffende Modell ist das der „Abgrenzung". Es gibt

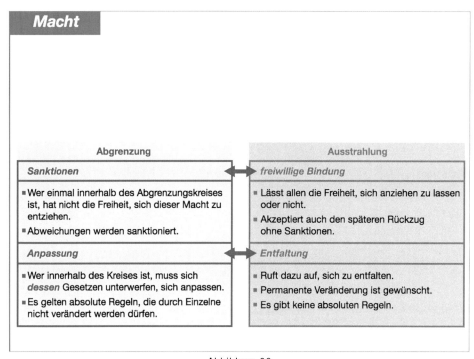

Macht

Abgrenzung		Ausstrahlung	
Sanktionen	← →	**freiwillige Bindung**	
■ Wer einmal innerhalb des Abgrenzungskreises ist, hat nicht die Freiheit, sich dieser Macht zu entziehen. ■ Abweichungen werden sanktioniert.		■ Lässt allen die Freiheit, sich anziehen zu lassen oder nicht. ■ Akzeptiert auch den späteren Rückzug ohne Sanktionen.	
Anpassung	← →	**Entfaltung**	
■ Wer innerhalb des Kreises ist, muss sich *dessen* Gesetzen unterwerfen, sich anpassen. ■ Es gelten absolute Regeln, die durch Einzelne nicht verändert werden dürfen.		■ Ruft dazu auf, sich zu entfalten. ■ Permanente Veränderung ist gewünscht. ■ Es gibt keine absoluten Regeln.	

Abbildung 83

leider die Neigung, nach außen das Modell der „Ausstrahlung" zu präsentieren, aber nach dem Modell der „Abgrenzung" intern zu verfahren. Ein Außenstehender braucht etwas Zeit, diese Verlogenheit zu durchschauen. In KMUs finden wir dagegen zunehmend das Modell der „Ausstrahlung". Voraussetzung ist allerdings, dass die Eigentümer das Patriarchat aufgegeben haben.

Je nach Situation ist die „Abgrenzung" (schnell, einfach, altbekannt) oder die „Ausstrahlung" (anhaltend, kreativ und komplex) zielführend. Wenn Sie mit dem Rücken zur Wand stehen und sanieren müssen, dann suchen Sie am besten einen „abgrenzenden" Manager. Es braucht schnelle Umsetzungen und wenig Diskussionen. Sobald das Schlimmste vorbei ist, tauschen Sie am besten die Leitung wieder aus. Ein guter Sanierer ist selten ein guter „Leader", da unterschiedliche Kompetenzen und Fähigkeiten nötig sind, um unterschiedliche Machtprozesse zu führen.

	Abgrenzung	Ausstrahlung
Fragmentiertes Denken	X	
Ganzheitliches Denken		X
Fachkompetenz	X	(X)
Methodische Kompetenz	X	X
Soziale Kompetenz		X
Persönliche Kompetenz	taktisch-orientiert	Werte-orientiert
Mitarbeitertyp	Manager	Leader

Abbildung 84

Der persönliche Vorzug für die Anwendung des einen oder anderen Macht-modells ist abhängig von dem Naturell und damit dem Persönlichkeitsprofil bzw. der Konfliktfähigkeit der jeweiligen Führungskraft bzw. der Führungselite. Neben der sozialen Kompetenz und der persönlichen Kompetenz liegt der Unterschied der Anhänger der jeweiligen Modelle in der Art zu denken. Der ganzheitlich Denkende wird eine geteilte Führungsverantwortung statt Kom-mandomacht und Kontrolle bevorzugen. Er wird den Konsens statt autoritäre Entscheidungen anstreben. Teamarbeit ist eine Selbstverständlichkeit.

Folgende Ausdrucksformen dagegen sind typisch für das fragmentierte Den-ken und damit typisch für die Anhänger der „Abgrenzung":

- Die eigenen Bedürfnisse sind „normale" Bedürfnisse und beanspruchen absolute Geltung.
- Das Auftreten als Patriarch ist akzeptabel.
- Die Selbstgefälligkeit nach dem Motto: „Die Erfüllung der (selbst aufgestellten) Normen gelingt mir am besten."
- Die Kommunikation wird als Kampf anstatt zur Verständigung genutzt.

Führen ist mehr als managen und erfordert, Mitarbeiter motivieren zu können. Hierzu wird eine Reihe von verschiedenen Methoden angeboten. Jede einzelne ist richtig, doch nicht ausreichend. Es ist wie bei den anderen Geschäftsprozessen auch, es genügt nicht nur, eine Insel in Ordnung zu halten. Ein erfolgreiches Unternehmen arbeitet parallel an all seinen Prozessen.

Das heißt, Sie verbessern ständig (revolvierend) Ihre Entwicklung, Fertigung, Qualität, Ihr Angebot, Ihren Einkauf usw. Es nutzt einem Unternehmen wenig, wenn nur der Verkauf oder nur die Entwicklung auf einen höheren Qualitätsstand gebracht werden, denn die einzelnen Prozesse greifen ineinander. Das Endresultat ist entscheidend für die Qualität und damit für die Akzeptanz am Markt. Daher müssen Sie, wenn Sie Prozesse anpassen, alle Prozesse angehen.

Gleiches gilt für den Führungsprozess. Sie müssen festlegen, wo Sie stehen, und Ihren Handlungsbedarf kennen. Erst wenn Sie so weit sind, können Sie sich fragen, wie Sie die Führungsmentalität verändern wollen. Dazu jedoch sollten Sie auch alle Methoden gleichzeitig angehen. Motivieren bedeutet, Bedürfnisse anderer zu befriedigen. Wir ziehen hier wieder das Rad der Motive von Evelyn Kroschel hinzu.[36]

Hinzugefügt habe ich die bekannten Führungsmethoden.

---

[36] **Evelyn Kroschel**, Die Weisheit des Erfolgs, Kösel Verlag, 1999

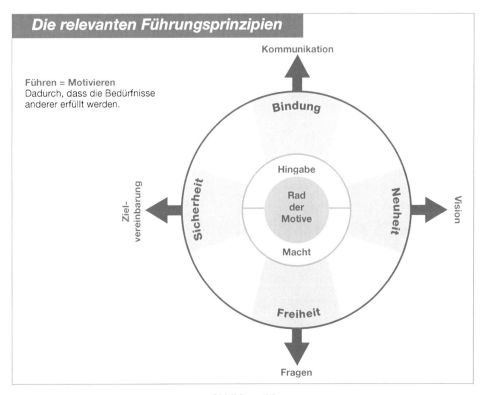

Die relevanten Führungsprinzipien

Kommunikation

Führen = Motivieren
Dadurch, dass die Bedürfnisse
anderer erfüllt werden.

Bindung

Hingabe

Rad
der
Motive

Macht

Ziel-
vereinbarung

Sicherheit

Neuheit

Vision

Freiheit

Fragen

Abbildung 85

Sie sehen: Diese Methoden befriedigen jeweils nur ein Bedürfnis, sie sind also nicht allumfassend. Die Einzelmethode wäre nur dann erfolgreich, wenn das Unternehmen (Arbeitsgruppen) auf einen Pol fixiert wäre. Nur dann reicht es, mit einer Methode z. B. mit Zielvereinbarungen oder Visionen zu führen. Sie müssen also alle Methoden gleichzeitig anwenden. Die Einzelmethode leistet dabei jeweils spezifische Beiträge.

- *Kommunikation*: nicht informierte Mitarbeiter können kaum und erst recht keinen gezielten Beitrag leisten.
- *Vision*: Visionen steigern die Begeisterung und bieten Orientierung.
- *Fragen:* Fragen „erhöhen" die Wertschätzung des anderen.
- *Zielvereinbarung:* wer die Messlatte nicht kennt, ist ohne Ziel.

Sie sehen, es braucht mehr als Management. Sie benötigen einen „Leader". *Was unterscheidet nun einen Manager von einem „Leader"?* Ein „Leader" beherrscht alle relevanten Führungsprinzipien und wendet sie individuell in der jeweiligen Situation an. Ihm folgt die Mannschaft freiwillig (geschenkte Loyalität), weil er glaubwürdig ist (Wort und Tat) und erkennbar Werte verkörpert. Einem „Leader" folgt man einfach. Ein „Leader" hat die Fähigkeit, Bedürfnisse anderer zu erfüllen, durch:

- kränkungsfreie Kommunikation
- Würdigung fremder Sichtweisen
- Selbsterkenntnis und Selbstachtung
- Akzeptanz einer vernetzten Abhängigkeit

Wenn Sie mehr über die ethischen Ansprüche an Manager wissen wollen, empfehle ich Ihnen das Buch von Ulrich Hemel[37]. Er unterscheidet vier unterschiedliche Führungssysteme mit jeweils eigenem Menschenbild.

1. Macht und Ohnmacht
2. Die auserwählte Gemeinschaft
3. Führung und Gefolgschaft
4. Insel und Außenposten

Hier eine kurze Kostprobe:

„Zu 1;
- Wird Unsinn angeordnet, dann wird auch Unsinn ausgeführt.
- Vertrauen herrscht am ehesten auf der kollegialen Ebene; nach ‚oben' ist die vorherrschende Einstellung ein misstrauisches Abwarten.
- Hier entsteht ein großartiges bürokratisches Regelwerk.
- Das mittlere Management schwankt in seinem Selbstbild zwischen Selbstmitleid und Selbstüberschätzung.
- Wer Veränderungen antreibt, mag es als Lehm- und Lähmschicht ansehen.

---

[37] **Ulrich Hemel,** Wert und Werte, Hanser Verlag, 2005

- Nicht Leistungsfreude, sondern Statusstolz bestimmen die emotionale Lage des oberen Managements.

Zu 3;
- Anders als bei den anderen Unternehmenstypen treten Führungspersönlichkeiten auf, die eine persönliche Orientierung ermöglichen und auch geben.
- Die Menschen fühlen sich in solchen Firmen geborgen. Die zugeschriebene Glaubwürdigkeit ist hoch.
- Eine vertrauensvolle Balance von ‚Geben und Nehmen' charakterisiert solche Firmen in besonderem Maße".

Den „Leader" finden Sie also bei Hemel unter seinem Führungssystem „Führung und Gefolgschaft". Hier wirkt eine natürliche Autorität. Diese zieht er nicht aus Hierarchiestufen und hat keine Machtinsignien nötig. Autorität besitzt der, der mitbringt, was andere brauchen. Im Gegensatz dazu: Autoritär ist jemand, der etwas beiträgt, was andere nicht brauchen. Erkennen kann man die natürliche Autorität am Charisma des Betreffenden. Dieses wiederum ist an folgendem Verhalten sichtbar.

„Leader" werden geboren. Genetische Vererbung gehört hier ebenso dazu wie ein gewisser Lebenslauf und eine austarierte Intelligenzmischung. Ausbildung ist Voraussetzung für Führung, doch erst mit der dazugehörigen Bildung und Lebenserfahrung werden Menschen zu „Leadern".

Fragen Sie sich, ob Sie ein „Leader" sind! Und bejahen Sie nicht vorschnell. Nicht die Tatsache, Karriere gemacht zu haben, ist hierfür wirklich aussagekräftig. Nicht einmal dann, wenn Sie erfolgreich eine Firma geführt haben. Sind Sie mit den „Leader"-Fähigkeiten geboren? Konnten Sie in Ihrer Jugendzeit diese Fähigkeiten entwickeln? Haben Sie Ihre Intelligenzmischung genutzt, um sich zu bilden? Dann haben Sie wohl das Potenzial, ein „Leader" zu sein.

Woran erkennt man, ob jemand das Charisma einer natürlichen Autorität hat?

- Er verzichtet darauf, perfekt zu sein/perfekt sein zu wollen/behauptet nicht die Weisheit gepachtet zu haben.

- Er bittet Mitarbeiter um Unterstützung, besonders dort, wo er eigene Schwächen hat.

- Er hat den Mut zu entschiedenem und selbstverantwortlichem Handeln.

- Er meldet den Führungsanspruch deutlich an.

- Er erfüllt durch eigenes Verhalten die Bedürfnisse anderer.

Abbildung 86

Ich hoffe sehr, Sie sind kein „Rattenfänger". „Leader" und „Rattenfänger" sind (oft sehr spät) nur durch die Qualität ihrer Ziele voneinander zu unterscheiden. Hoch begabte Verführer schaffen es lange Zeit, ihre wirklichen Ziele geschickt zu kaschieren. Gegenteiliges wird überzeugend dargestellt. Lügen ist erlaubt. Haben diese Leute kaum Werte, täuschen sie geschickt welche vor. „Rattenfänger" adaptieren, sind opportunistisch und damit extrem gefährlich. Gerade weil sie charmant, sehr – meistens einseitig – intelligent sind und überzeugend mit Worten umgehen. Mittelfristig führen diese Leute Unternehmen in den Abgrund, allerdings verlassen sie das sinkende Schiff meistens rechtzeitig.

Prüfen Sie kritisch, ob Sie eine natürliche Autorität besitzen. Ob Ihre Umgebung Ihnen freiwillig folgt. Eine Führungskraft muss anerkannt werden, will sie

Erfolg haben. Das bedeutet, dass die Gründe, aus denen sie akzeptiert wird, auch die Erfolgsgründe ihrer Mitarbeiter sind. Eine Führung, die nicht bestätigt wird, muss Widerstände brechen, um sich durchzusetzen. Gebrochene Mitarbeiter kämpfen ums Überleben, leisten aber keinen Zukunftsbeitrag für die Firma mehr.

Prüfen Sie sich anhand von Abbildung 87.

Abbildung 87

Neben all den bereits aufgezeigten Vorteilen sind „Leader" für ein Unternehmen auch wegen ihres ökonomischen Einflusses interessant, denn:

Ein „Leader" braucht für die gleiche Teamleistung
bis zu 50 % weniger Mitarbeiter als ein Manager.
Ein „Leader" verändert anhaltend.

„Macht in Kombination mit ‚Religion' und Intoleranz, kombiniert mit fragmentiertem Denken, führt sehr oft zu Fundamentalismus."[38]

Bekehrungseifrige und Fundamentalisten sind Vernichtungskrieger. Diese Krieger finden wir nicht nur auf dem Felde der Religion und Politik. Heute sehen wir dies auch zunehmend in der Wirtschaft. Die angebotenen und vereinfachten und einseitig angewandten Lehren („Globalisierung, Shareholder-Value, Reengineering, Lean ...") sind nur für ganz wenige, meistens sind das auch noch die nicht unmittelbar Betroffenen, von Nutzen. All diese „Heilslehren" haben ihre Berechtigung. Bedauerlicherweise führt die einseitige Anwendung zur Verteufelung. Der Kern der Lehre bleibt aber richtig. Es braucht den ganzheitlichen Umgang mit all diesen Lehren. Managern alleine darf man dieses Feld nicht überlassen, sonst gelten Robert Greenes[39] über 3000 Jahre alten Erfahrungen. Hier eine kleine Kostprobe:

- Stelle nie den Meister in den Schatten.
- Lass andere für dich arbeiten, doch streiche die Anerkennung dafür ein.
- Versetze andere in ständige Angst: Kultiviere die Aura der Unberechenbarkeit.
- Vernichte deine Feinde vollständig.
- Lass andere mit den Karten spielen, die du austeilst.
- Erschlage den Hirten und die Schafe verteilen sich.
- Gib dich wie ein Freund, aber handle wie ein Spion.

Sie können versuchen, gegen den 3000-jährigen Strom zu schwimmen. Es braucht dann mehr als „Ecce Homo". Sich zu widersetzen bedeutet nun mal, ein Risiko einzugehen. Das ist der Preis, den Sie zahlen, wenn Sie sich von der Macht nicht korrumpieren lassen wollen.

---

[38] **Reinhard Möller,** Islamismus und terroristische Gewalt, Ergon Verlag, 2004
[39] **Robert Greene,** Die 48 Gesetze der Macht, Deutscher Taschenbuch Verlag, 2003

4. DIE UNTERNEHMENSFÜHRUNG, SIE ALS UNTERNEHMER MIT VERANTWORTUNG FÜR MENSCHEN

4.1 Leader vs. Manager, 3 x W-Fragen, Selbstüberschätzung, Angst, Führung, Vorstände berufen, Gründe für den Misserfolg, Not, Kulturveränderung, überdurchschnittlich?

Wie erkennen Sie einen Leader?
Wie sollten Sie bei Kulturveränderungen vorangehen?

Sind Sie Miteigner der Firma, dann müssen Sie zunächst beantworten, ob Sie Leadereigenschaften haben und sich selbst deshalb an die Spitze Ihres Unternehmens setzen können. Wenn Sie verneinen, bleiben Sie lieber im zweiten operativen Glied und leisten dort Wertvolles oder besser, Sie wechseln in das Aufsichtsorgan in den Verwaltungsrat. Überlassen Sie die Führung Ihrer Firma jedoch jemandem, der es kann. Suchen Sie einen Kandidaten Ihres Vertrauens. Achten Sie darauf, dass Sie mehr als einen guten Manager an die Spitze berufen, weil in Anlehnung an Reinhard Sprenger

> „Manager nur Agenten der Stabilität,
> ‚Leader' dagegen auch Agenten des Wandels"[40] sind.

„Leader" arbeiten mit Unsicherheiten, mit nicht vorhersehbaren Risiken, während Manager mit messbaren, kalkulierbaren Risiken umgehen. Den „Leader" erkennen Sie daran, dass er oft die drei *W-Fragen* benutzt. Er fragt:

- *Wozu?* Dies ist die Frage nach dem Wert eine Sache, nach dem Sinn.
- *Warum?* Dies ist die Frage nach dem Nutzen einer Sache. Es ist der Versuch, die Motivationsgrundlage zu verstehen.

---

[40] **Reinhard K. Sprenger,** Aufstand des Individuums, Campus Verlag, 2001

- *Wie?* Dies ist die Frage nach dem Weg. Diese Auskunft zeigt, welcher Zweck verfolgt wird und woran sich die Handlungen orientieren werden.

Ein „Leader" kann sehr wohl auch ein guter Manager sein. Es gibt dagegen kaum gute Manager, die auch gute „Leader" sind. Es ist daher für ein Unternehmen schädlich, einen guten Manager, nur weil er erfolgreich ist, zum Leiter einer Businesseinheit und damit zur Führungsfigur zu machen. Außerdem, Manager denken *sektoriell* und das sektorielle Denken schafft im Unternehmen:

- Unterschiede zwischen den Einzelnen (oben/unten)
- Ein Informationsgefälle
- Starke einseitige Fokussierung, z. B. nur auf kurzfristige Renditeverbesserungen
- Kommandierende Befehlsstrukturen
- Grenzenlosigkeit im Anspruch
- Kompromisslosigkeit in der Umsetzung

So aufgebaute Hierarchien suchen Mitmacher, die zu ihrer Vorauswahl an Werten passen. Dadurch werden Widersprüche und andere Wirklichkeiten verhindert. Das sektorielle Denken fördert die einseitige Zielsetzung und führt damit früher oder später zwangsläufig zur Krise und oft zum Tode eines Unternehmens. In Kombination mit der „Abgrenzungs-Machtstruktur" (Kap. 3.8) ist nicht anzunehmen, dass derartig geführte Unternehmen aus eigener Kraft die dann irgendwann zur Rettung notwendigen Veränderungen selbst schaffen werden. Auch der in schlechten Zeiten notwendige Führungswechsel mit einer anderen Kultur ist nicht aus internem Antrieb zu erwarten. Gerade deshalb sind hier traditionelle und große Firmen besonders gefährdet und gehen irgendwann an sich selbst zu Grunde, werden bestenfalls übernommen oder zerlegt.

Die meisten in solchen Firmen gescheiterten CEOs sind ehemalige erfolgreiche Manager. Ja, in diesen Unternehmensspitzen finden Sie sogar oft Männer ohne Eigenschaften. Konturlos, konform, austauschbar und gerade deshalb nicht selten mit kaum gezügelter Profilsucht und eloquenter Selbstdarstellung. Viele davon werden auf dem Karriereweg zunehmend unglücklicher, weil sie nicht mit sich selbst im Einklang leben können. Fragen Sie deshalb zunächst, wie Sie mit sich selbst umgehen.

*Wer sich selbst nicht führt, kann auch
andere nicht führen.*

Vor allem Männer neigen dazu, sich sehr stark über den Beruf zu identifizieren. Beruf weg, Persönlichkeit weg? Vielleicht soll es für Sie doch weniger Karriere sein, dafür mehr Glück? Fragen Sie Ihre Umgebung, Ihren Partner, Ihre Kinder. Hier ist Mut zur Wahrhaftigkeit gefragt.

Wollen Sie selbst immer noch oben ankommen, dann betrachten Sie die folgenden Umfrageergebnisse bei Ihren künftigen Kollegen. Der persönliche Anspruch und die Wirklichkeit klaffen stark auseinander. Der Anspruch ist es, einen Mitarbeiter zu haben, der über die Idealkombination von fachlichen, menschlichen und charakterlichen Eigenschaften verfügt. Die Wirklichkeit zeigt, dass, falls diese Kompetenzen und Fähigkeiten überhaupt vorhanden sind, diese oft nicht mit den vorhandenen Machtstrukturen des Unternehmens harmonisieren. Europäische Untersuchungen zeigen, dass besonders Vorstände eine Sehnsucht nach Einfluss, Unabhängigkeit und Macht haben. Diese Sehnsucht steht aber im krassen Gegensatz zu der selbst empfundenen konkreten Situation.
Solche Umfragen[41] zeigen alle in etwa folgendes Motivationsbild:

Angst vor Arbeitsplatzverlust . . . . .72 %
Angst vor Krankheit/Unfall . . . . .72 %
Angst davor, Fehler zu machen . . . . .64 %
Angst vor Wertschätzungsverlust . . . . .57 %
Angst vor Konkurrenten . . . . .50 %
Angst vor Fehlinformationen . . . . .47 %

---

[41] Handelszeitung Nr. 38, 2005

Es ist die *Angst,* von einem hohen Niveau herunterzustürzen. Klar, wenn Sie in Amt und Würden sind, haben Sie ein hohes Ansehen und hohe Einnahmen. Fällt dies plötzlich weg, fallen Sie tief. Dagegen gibt es keine Versicherung. Sie fallen. Wenn Sie nun auch noch Ihre Identität an Beruf und Karriere festmachen, dann fallen Sie scheinbar ins Uferlose. Sie sind am Boden. Wenn nun auch noch der Freundeskreis entsprechend diesen Strukturen ausgelegt ist, dann ist es nicht verwunderlich, wenn Menschen in solchen Situationen eine tragikomische Figur abgeben.

Die scheinbare Lösung des Problems heißt, alles daransetzen, um nicht zu fallen. Dies führt zu einer Vermeidungsstrategie, dazu, nicht mehr zu entscheiden. Damit aber werden die Zukunftschancen der Firma und der betroffenen Mannschaft ausgelassen. Von Angst getriebene Manager gehören nicht an die Spitze eines Unternehmens, sie gehören nicht in eine leitende Funktion.

Möchten Sie viel arbeiten? Durchschnittlich etwa 90 Stunden pro Woche? Vorstände arbeiten übermäßig viel, sie sind fleißig. Das Pensum ist groß, die Sitzungen sind lang, die Reisen häufig. Einige Jahre in diesem Lebensstil und Ihre Gesundheit ist geschädigt. Es gibt Statistiken über leitende Angestellte, aus denen eindeutig hervorgeht, was alles für physische und psychische Schäden auftreten. Fast kein Mensch in solch einer Position ist noch rundum gesund. Pervers, dass ausgerechnet die Menschen, die zur Leistungselite gehören sollen, die Intelligenzija unserer Gesellschaft, jene, die am meisten für diese Gesellschaft verrichten könnten, durch dieses System kaputt gemacht werden.

Frisst die Gesellschaft ihre Leistungselite?

Die Aufgaben dieser angstgetriebenen Vorstände können etwas ironisch wie folgt umschrieben werden:

- 70 Prozent ist interne Politik machen durch: Attacken abwehren, Informationen beschaffen und lancieren, Intriganten aufspüren.
- Kommunikation betreiben durch: zwischen den Zeilen lesen.
- Optik vermitteln durch: gehetzt sein und von Termin zu Termin jagen.

- Erfolgreich bleiben durch: Machtspiele beherrschen, Liebedienerei betreiben, gemeinsam mit Mächtigeren eine Leiche im Keller teilen.
- Opportunist sein; dazu die noch größere Eitelkeit von noch Mächtigeren nutzen.

Der Lohn: Mann darf sich als toller Typ empfinden. Den dauernden Beifall als Anerkennung genießen, statt ihn vielleicht als Schmeichelei bewerten zu müssen. Nach außen mächtig erscheinen und viel verdienen, weil Luxus zu diesem Lebensstil dazugehört. Das Berufsumfeld ist bedeutend, also ist man es auch, … hoffentlich bleibt das so.

Ich sagte bereits,

> es gibt *nur einen einzigen Weg zum Misserfolg.*
> *Es ist die Selbstüberschätzung.*

Eine Führung, die dem oben aufgezeigten Bild auch nur annähernd entspricht, wird jede Firma in die Krise führen. Die Verantwortung dafür liegt aber nicht nur bei den unmittelbar Betroffenen alleine. Vorstände zu berufen muss bedeuten, dass das Entscheidungsgremium

> *höchste Ansprüche an den Charakter stellt,*
> *noch vor der Bewertung der persönlichen Eigenschaften.*

Führung lässt sich übrigens nicht lernen, da jeder nur auf seine eigene Weise führen kann. Führung ist individuell und daher nicht kopierbar.

Wenn Sie in die Führung neu hinzugeholt werden sollen, gibt es dafür gute Gründe. Ihre Firma läuft wohl nicht so, wie es erwartet wird. Sie werden berufen, um zu richten, um die nötigen Veränderungen zu realisieren. Das vorgegebene Ziel betrifft meistens die Verbesserung in der Umsetzung. Hierzu ist es dann unumgänglich, dass Sie sich um die Verbesserung in der bei Ihnen gelebten Firmenkultur kümmern. Erinnern Sie sich an Abbildung 74 (Die zwei Möglichkeiten, warum Projekte nicht laufen). Oft höre ich während der laufenden Veränderungsprozesse bei den Firmen, die ich betreue, Aussagen der Geschäftsleitung wie:

> *„Wir haben doch alles gemacht. Wir haben eine Vision, eine neue Strategie, neue Regeln aufgestellt und Sie haben gesagt, auch unsere Mitarbeiter sind die richtigen.*
> *Warum tun unsere Leute also nicht, was wir gesagt haben?*
> *Sie haben doch jetzt alle Möglichkeiten.“*

Hier liegt die irrige Überzeugung zu Grunde, Menschen seien autonome Wesen, die sich im Wesentlichen selbst bestimmen können. Dies entspricht unserem europäischen Menschenbild, ist aber falsch. Wir Menschen sind weitgehend Geschöpfe der sozialen Welt, in der wir leben, Geschöpfe der eigenen Lebensgeschichte, Geschöpfe der Arbeitswelt.

Wenn Sie die Qualität der Umsetzung verbessern und damit auch die alt gelebte Firmenkultur verändern wollen, müssen Sie Ihre Mannschaft dort abholen, wo sie steht. Sie müssen für das Neue werben und als „Leader“ vorangehen.

Wie nun sollten Sie vorgehen, wenn Sie eine Kultur der Veränderung einleiten wollen? Eine Kulturveränderung ist kein Selbstzweck. Soft facts müssen sich in hard facts (Zahlen) auswirken. Eine Kulturveränderung ist keine Sozialromantik, kein verklärter Humanismus, sondern

> *es geht um die Erschließung und Hebung verborgener Potenziale bei den Mitarbeitern.*

Damit erhalten Sie stufenweise mehr, und zwar:

- höhere Produktivität
- schnellere Entwicklungen
- konsequentere Projektumsetzung
- höhere Leistungen in den Prozessen.

Und am Ende haben Sie ein kundenorientiertes selbst lernendes Unternehmen. Voraussetzung hierfür ist die Konsensbildung mit (fast) allen Mitarbeitern. Auch die Leitung und die Eigentümer müssen Veränderungen leben und nicht nur darstellen. Die Führungsebene muss sich selbst als Erstes ändern und sich messen lassen.

Eine Treppe auszufegen beginnt von oben.

Folgende Vorgehensweise hat sich zu Beginn der Veränderungsprozesse als sinnvoll erwiesen:

- Messen Sie individuell die sozialen Kompetenzen Ihrer Führungsmannschaft durch anonymes Abfragen bei Vorgesetzten, Kollegen und Mitarbeitern (Fragenkatalog siehe Anhang).
- Verlangen Sie vorher von Ihrer Führungsmannschaft eine Selbsteinschätzung.
- Konfrontieren Sie wie in Abbildung 24 die Teilnehmer mit den Ergebnissen. Engagieren Sie für den Workshop einen neutralen, geschulten Moderator.
- Zeigen Sie die Verbesserungspotenziale gemeinsam auf und treffen Sie Vereinbarungen.
- Ermitteln Sie die Barrieren, die ungeschriebenen Regeln, die Totschläger usw. und kommunizieren Sie darüber.
- Die Führung muss ihre Ziele, Mess- und Workshopergebnisse intern bekannt geben. Mitarbeiter müssen spürbar erkennen, dass die Führung an sich arbeitet und bereit ist, als Erstes Neuland zu betreten.
- Halten Sie ähnliche Workshops für alle Mitarbeiter.
- Führen Sie Mitarbeitergespräche für alle durch (siehe Anhang). Die Betroffenen fragen Sie nach den richtigen Lösungen. Definieren Sie Ziele und Maßnahmen und legen Sie Verantwortungen fest.

Schaffen Sie zunächst, so noch nötig, Armut!
Not macht erfinderisch. Nicht-Not macht träge.

Trotz aller Hilfestellung werden nicht alle Mitarbeiter überzeugt sein. Je höher die Hierarchie, desto schneller und konsequenter ist dabei zu handeln.

Nicht immer geschieht das aus Unwillen, manchmal auch aus Unfähigkeit, sich aus der vermeintlichen Ratiogefangenheit zu befreien. Trennen Sie fair und kommunizieren Sie darüber.

Wenn Sie ein Unternehmen wie eben beschrieben verändern wollen, benötigen Sie mindestens drei Jahre Zeit. Entsprechen Sie dem Karrieretypus des „Zwei-jahres-Hüpfers", dann fangen Sie erst gar nicht an. Wollen Sie es dagegen wagen, dann erfreuen Sie sich unterwegs immer an dem berühmten Spruch von George Marshall:

„Kleine Taten, die man ausführt, sind besser als große, die man plant."

Wenn Sie noch immer eine Spitzenposition anstreben, dann beurteilen Sie, ob Sie dienen wollen. Führung ist nämlich eine Dienstleistung. Prägen Sie sich dauerhaft ein:

Ein Hirte wird Hirte durch die Schafe.
Die Schafe werden nicht Schafe durch den Hirten.

Oder positiver mit Wolfgang Berger:

„Der reife Manager führt nicht, sondern zeigt die Konsequenzen auf; er deutet nicht, sondern er lehrt zu denken; er leidet nicht mit, sondern hört zu; er hat also kein Mit-Leid, sondern Mitgefühl; er forciert nicht, sondern lässt etwas geschehen; er greift nicht immer gleich ein, sondern beobachtet …
Menschen vor Erfahrung zu schützen heißt, sie vor dem Leben schützen; ihnen Erfahrung vorenthalten heißt, ihnen Leben vorenthalten. Deshalb ist es die heiligste Aufgabe eines Unternehmens, Menschen Gelegenheit zu geben, Erfahrungen zu sammeln."[42]

---

[42] **Wolfgang Berger,** Business Reframing, Gabler Verlag, 1998

Prüfen Sie noch einmal selbstkritisch Ihre eigenen Fähigkeiten anhand der Abbildung 88.

Kompetenz: Motivationsfähigkeit

- verbesserungsbedürftig	0 anforderungsgerecht	+ übertrifft Anforderungen
■ Stellt an sich und seine Mitarbeiter selten einen hohen Anspruch	■ Stellt Anspruch an sich und seine Mitarbeiter, die er in der Regel gut bewältigt	■ Fordert von sich und seinen Mitarbeitern, auch anspruchsvolle Ziele zu übertreffen
■ Muss viel Mühe aufwenden, um die Mitarbeiter für die Ziele zu motivieren ■ Vermittelt den Zusammenhang der Ziele und deren Bedeutung nur unzureichend	■ Gestaltet in der Regel die Ziele und Projekte attraktiv ■ Stellt die Ziele in einen Zusammenhang, erläutert deren Bedeutung für Unternehmen.	■ Begeistert seine Mitarbeiter für die zu erreichenden Ziele ■ Vermittelt den Zusammenhang der Ziele und deren Bedeutung für Unternehmen und Mitarbeiter
■ Reagiert auf Probleme und Anforderungen, die von außen kommen ■ Hat hohe Anfangsenergie bei neuen Aufgaben, mit zunehmender Dauer sinkt das Engagement	■ Ergreift die Initiative ■ Sein Engagement für wichtige Themen ist groß und andauernd	■ Ergreift die Initiative und gewinnt andere für seine Ideen ■ Verfolgt alle Themen mit gleichmäßig hoher Energie, kann Zweifler integrieren

Abbildung 88

Sind Sie überdurchschnittlich? Wenn Sie immer noch wissen, dass Ihr Berufstraum die Karriere ist, dann finden Sie Ihren persönlichen Weg. Schön, dass es Sie gibt. Sollten Sie in Ihrer Wesensart (nicht zwangsläufig von Geburt) europäisch sein, (Siehe Kap. 5.1) dann freue ich mich, wie viele andere Menschen gewiss auch, dass Sie hier bei uns sind. Sie sind ein Gewinn. Lassen Sie den Wettbewerb ruhig kommen und es richten …

4.2 Einkommen, Gewinnverteilung, EK-Quote, Mitarbeiter zuerst, Gewinnfixierung, Vorbildfunktion der Eigner, Balancehalter, Wertvoll? Zentralismus, Loyalität, zuerst Eigner, selbst lernendes Unternehmen

Ist Gewinn alles? Wie verteilen?
Sind die Eigner in der Balance?

Es gilt unverändert, dass ein Unternehmen zuerst in die Gewinnzone kommen muss. Gewinne machen ist ehrenwert und ethisch. Ohne Gewinne gibt es keine Zukunft. Der Spruch

> *„Gewinn ist nicht alles, aber ohne Gewinn ist alles nichts"*

ist fundamental. Im Musterunternehmen betrugen die Personalkosten 50 Prozent des Umsatzes. Der Gewinn hier hängt damit vorrangig von den Mitarbeitern ab. Macht die Musterfirma keine Gewinne, hat sie nichts zu verteilen. Wenn Sie in solche Situationen kommen, müssen Sie überlegen, ob die Jahreseinkommen reduziert werden sollten. Die Auszahlung der Boni können Sie erst recht davon abhängig machen. Dies wäre auch ein Beitrag der Mitarbeiter für die Gesundung Ihrer Firma. Wenn aber Gewinne da sind, dann haben die Mitarbeiter einen großen Teil dazu beigetragen. Und deshalb sollte ihnen ein Stück des Gewinnes über die Bonizahlung hinaus als Gewinnausschüttung zustehen.

Damit sehe ich drei Komponenten der Einkünfte für die Mitarbeiter. Erstens das Grundgehalt, dessen Höhe abhängig von der Komplexität der zu bewältigenden Aufgabe ist. Mit diesem Grundgehalt sollten die Mitarbeiter ihre Jahresausgaben belastbar planen können. Zweitens ein Erfolgsbonus, der sich danach berechnet, ob die angestrebten Ziele erreicht wurden und ob sich das Unternehmen in der Gewinnzone befindet. Drittens eine Gewinnausschüttung, so auch eine Dividende ausgezahlt wird.

Es muss gelten: Je höher der Einfluss auf die Gewinngestaltung des Unternehmens, desto größer soll der persönliche Anteil am Erfolg sein. Je höher die Stufe im Jahreseinkommen, je höher die Hierarchie, desto höher sollte der *flexible* Anteil aus der Gewinnausschüttung sein. Damit tragen in schlechten Zeiten diejenigen Mitarbeiter mit höheren Einkommen ein größeres Risiko. Sie müssen beachten, dass jene mit kleineren Einkommen auch nur kleinere Risiken tragen können.

Wenn Sie die Methode der Zielvereinbarung einführen, dann beginnen Sie mit beispielsweise 4 Prozent des Jahreseinkommens für jeden auf der dritten Stufe. Und das unter der Voraussetzung, dass alle drei Ziele zu 100 Prozent erreicht wurden (Kap. 3.1). Sind nur zwei Ziele erreicht, wird entsprechend der Gewichtung dieser zwei Ziele gezahlt. Wenn Sie dieses Verfahren dreimal (innerhalb von drei Jahren) anwenden, liegen Ihre Mitarbeiter bei einem flexiblen Anteil von ca. 10 bis 15 Prozent des Jahreseinkommens. Statt jährlicher Lohnerhöhungen können Sie ja auch die Boni erhöhen. Es wird wohl einige Verbände und Organisationen geben, die versuchen werden, Sie daran zu hindern, eine derartige Neuerung durchzuführen. Nehmen Sie diese vermeintlichen Interessenvertreter nicht allzu ernst. Treten Sie notfalls lieber als Firma aus dem einen oder anderen Verband aus.

Zwischen den drei Stufen im Unternehmen sollte jeweils mit einem Faktor von ca. zwei geplant werden. Das heißt, beträgt Stufe drei 10 Prozent, sollten Stufe zwei 20 Prozent und Stufe eins 40 Prozent flexiblen Anteil haben. Je höher das Jahreseinkommen, umso höher auch die Beteiligung am Risiko. Je höher das Risiko, desto höher auch der Gewinnanteil.

Ein Wort noch zu den Vorstandseinkommen. Wie viel mehr kann ein einzelner Mensch im Vergleich zu den Schwächsten im Unternehmen leisten? Das Zwanzigfache? Fein, dann sollen die Vorstände das Vierzigfache als Maximaleinkommen haben dürfen. Wir sind dann bei ca. einer Mio. Euro per Jahr. Das ist für mich o. k. Es darf auch noch das Doppelte sein. Das Hundertfache aber ist schlichtweg unethisch.

Zurück zu der Flexibilität. Sie müssen dafür sorgen, dass die „Quartals-Optimierer", also jene, die nur an kurzfristigen Erfolgen interessiert sind, keine

Chance haben. Für die Stufe drei formulieren Sie eine Auszahlung nach Ende des Geschäftsjahres. Wer bis dahin nicht mehr da ist, hat Pech gehabt. Wer später eingestiegen ist auch. Suchen Sie hierbei keine Gerechtigkeit, sondern einfach zu handhabende Lösungen. Für die Stufe zwei formulieren Sie eine Teilauszahlung und eine längere Bindung. Beispielsweise 50 Prozent Auszahlung wie Stufe drei und zusätzlich eine Bindung für zwei Jahre, die Sie daran koppeln, dass Ihre Firma in der Gewinnzone bleibt. Ähnliches können Sie mit noch längeren Bindungen für die Stufe eins formulieren. Mit solchen Lösungen sind Sie auf einen Schlag alle Selbstbediener und „Quartals-Optimierer" los.

Wie aber den verbleibenden Gewinn verteilen? Nehmen Sie den Gewinn nach Zinsen und Steuern unter Beachtung der Boniauszahlungen. Erhöhen Sie zuerst für die Zukunftsgestaltung das Vermögen im Unternehmen, indem Sie einen Teil des Gewinnes im Unternehmen belassen.

Versuchen Sie unabhängig von den Banken zu sein und streben Sie eine Eigenkapitalquote von ca. 50 Prozent an.

Danach nehmen Sie eine Gewinnausschüttung vor zum Beispiel: a) in Form von Dividenden an die Aktionäre (Zahlen Sie eine ordentliche Verzinsung auf dieses Risikokapital von 5 bis 25 Prozent je nach Branche und Region) und b) in Form einer Gewinnbeteiligung an die Mitarbeiter.

Warum nicht ungefähr im Verhältnis 1:1? Ich höre die Kapitalisten, die Banker, die Analysten und die Spekulanten schon aufheulen, aber die, die am meisten für das operative Ergebnis getan haben, sollten auch beim Verteilen vorne sein.

Zuerst kommen die Mitarbeiter, dann die Kunden, danach die Aktionäre und nicht umgekehrt.

Solche Lösungen sind nicht in allen Firmen möglich. Große Ablehnung existiert da, wo Firmen kurzfristig möglichst viel Geld verdienen wollen. Geld vermehren ist dort das einzige Ziel. Diese Firmen sind darauf fixiert. Wenn sie über Werte reden, meinen sie ausschließlich Finanzwerte wie Kapital, Vermögen oder

Verkaufspreis. Diese Firmen sind oft Besitzer anderer Unternehmen. Sie meinen selbstverständlich, über ihr Besitztum (Finanzwerte) und „Humankapital" (Mitarbeiter) frei verfügen zu können. Oft ist das mit kurzfristigen Zeitachsen und spekulativen Aktionen kombiniert. Das obere Management ist durch Zielvereinbarungen an die fixierten Eignerinteressen gekoppelt. Hier werden die Interessen der Eigner (Aktionäre) einseitig wahrgenommen. Mitarbeiter haben dementsprechend kaum Gewicht und werden bei Bonizahlungen und erst recht bei Gewinnausschüttungen nicht berücksichtigt. Dies würde ja doch nur die Dividenden schmälern.

Von derartigen Firmen hört man immer wieder Aussagen wie „Die internationalen Finanziers sind scheu". Was bedeuten soll, dass Finanzvermögen sich problemlos und schnell überall auf der Welt anlegen lässt.

> „Das Welthandelsvolumen an Waren und Dienstleitung im Vergleich zum Devisenhandelsvolumen ist ungefähr gleich groß. Allerdings reden wir für die Waren über das Jahres- und für den Devisenhandel über das *Tagesvolumen.*"[43]

Der Unterschied ist nicht nur, aber doch stark durch spekulative Aktivitäten geprägt. Hierbei gibt es keine Treue, denn:

Wer für Geld kommt, geht auch für Geld.

Sprich, liegen die Profite irgendwo anders höher, sind die Risiken dabei auch nicht größer, wird dort investiert und hier das Geld abgezogen. Manche mögen das „Scheu" nennen. Ich nenne es „Geiern"! Diese Einstellung mag zu gewissen Fonds und Banken passen, sie passt keineswegs zu der Vorstellung des klassischen verantwortungsvollen Unternehmertums europäischer Prägung.
Diese Form des Kapitalismus stimmt übrigens auch nicht mit der Vorstellung von Demokratie im europäischen Sinne überein. Wenn Sie sich die Geschichte des Kapitalismus und der freien Marktwirtschaft anschauen, stellen Sie fest, dass die freie Marktwirtschaft die Demokratie zur Voraussetzung

---

[43] Siehe: **Wolfgang Berger,** Business Reframing, Gabler Verlag, 1998

hatte, nicht umgekehrt. Die Demokratie hat gefördert, geregelt und im Zaum gehalten. Durch die Demokratie ging der Raubkapitalismus zu Grunde und die freie Marktwirtschaft mit ihren Wettbewerbsregeln setzte sich durch. Ich möchte keineswegs den Kapitalismus beseitigen, sehe aber zunehmend global, wegen fehlender Korrekturen, eine steigende Tendenz zum Wirtschaftsfundamentalismus. Dieser Fundamentalismus führt zu brutalen Praktiken, zur primitivsten Ausbeutung, zur Ausübung von plumper Macht und zur Unterdrückung der Freiheit. Auf solch einem Boden entsteht Anarchie und keine Demokratie und damit erst recht keine freie Marktwirtschaft, die wir Europäer bevorzugen.

> *„Wird Gewinnstreben zur Sucht, handelt es sich um Gewinnsucht. Genauso wie es Arbeitssucht, Spielsucht, Drogensucht und andere Süchte gibt, kann es auch eine einseitige Haltung zum Gewinn geben."*[44]

Solche Firmen sind also gewinnfixiert.

Es gibt viele Firmen, die **nicht** auf den einen Pol „Gewinn" fixiert sind und eine Interessensbalance zwischen Mitarbeitern, Kunden und Eignern halten wollen. Hier sind die Ziele mit einer längeren Perspektive auf die Zukunft ausgerichtet. Hier muss logischerweise über Quartalszahlen hinaus gedacht werden. Qualität und Kompetenzen der Mitarbeiter spielen eine große Rolle. Hier gilt Treue noch etwas.

Von beiden Typen – *dem Gewinnfixierer ebenso wie dem Balanceversucher* – gibt es viele Erfolgreiche im Sinne der Zielerreichung. Solange sich das Geld frei bewegen kann, lassen sich unter den „Geldfixierern" viele erfolgreiche, weltweit agierende Unternehmen finden. Es existiert auch hier ein deutlicher Marktbedarf. Ich persönlich halte diese Art von Wirtschaften für *„wertlos"*, denn ich sehe hier keine wirkliche „Wert-Schöpfung" und damit auch keinen Beitrag zu einer positiven Zukunftsgestaltung von Wirtschaft und Gesellschaft. Im Gegenteil, kurzfristiges Geldabziehen verursacht immer Schaden. Die Frage ist lediglich, wer den Schaden zahlen muss. Dieser fundamentale

---

[44] Ulrich Hemel, Wert und Werte, Hanser Verlag, 2005

Kapitalismus bringt es fertig, die Gewinne zu privatisieren und die Risiken zu vergesellschaften.

Die unternehmerische Freiheit darf daher nicht grenzenlos sein. Diese Freiheit muss hier mehr bedeuten als Gewinnvermehrung. Auch diese Freiheit des Wirtschaftens endet vor den ethischen Grenzüberschreitungen. Für derartige Firmen würde ich übrigens nicht arbeiten wollen. Ich wäre auch nicht der richtige Mann, mein Wertesystem steht dem im Wege. Ich halte mich da an Demokrit, mit dem ich es in etwa so formulieren möchte:

„Ob man eine Firma für wertvoll hält oder nicht, hängt nicht nur von ihren Handlungen, sondern auch von ihren Absichten ab.“

Auf der anderen Seite ist es schwierig, eine Balance über einen langen Zeitraum zu halten. Es kostet große Anstrengungen. Auch wenn die Nuancen noch so unterschiedlich sind, vielen Unternehmen gelingt es. Dahinter stehen ganzheitliche Ansätze.

Doch gerade in diesem Bereich wird zunehmend versagt. Die Balance wird einseitig verschoben. Heutzutage geht das meist vom Eigentümer aus. Es kommt also sehr darauf an, wer die Eigner einer Firma sind. Eigner haben den größten Einfluss auf die Firma. In unserer Gesellschaft ist Macht an Eigentum gekoppelt. Zu diesen Mächtigen zählt die oberste Leitung des Unternehmens, denn diese handelt, als wäre sie Eigentümer. Dazu gehören auch Aufsichts- und Verwaltungsräte. Eigentümer sind die Aktionäre, aber – in Familienunternehmen – auch der Patron und weitere Anteilseigner. Also all diejenigen, die die oberste Kontrollorganisation darstellen.

Stellen Sie sich einmal vor, der Eigner Ihrer Firma wäre eine spekulierende Fondsgesellschaft mit Sitz auf den Bahamas, die Aktionäre anonyme Geldgeber. Welche Interessen hätten diese wohl? Ganz eindeutig: schnelle Geldvermehrung. Klar.

Oder stellen Sie sich vor, eine gewisse Familie L. ist Eigner Ihrer Firma. Seit vier Generationen wird die Leitung an die nächste Generation vererbt. Die Familie fühlt sich am Stammsitz des Unternehmens wohl, sie ist dort verwurzelt, man kennt sich. Welche Interessen haben wohl diese Eigner? Sicher werden sie den Weg der Balance gehen.

Eigner also lassen zu oder verhindern.

Es kommt sehr darauf an, welche Interessen und wie viel Macht sie haben. Hier entscheidet sich, was aus einer Firma wird. Die Leitung führt nur aus. Auf der Eignerebene wird entschieden, was überhaupt machbar ist. Ein Unternehmen gegen die Eigner zu gestalten ist unmöglich. Ihre Machtposition ist zu stark. Gegen die Werteposition der Eigner ist eine Firma auch nicht zu verändern, denn Firmenkultur wird von hier aus zugelassen oder verhindert. Eigner lassen sich anhand folgender Darstellung gut beurteilen:

Abbildung 89

Nun, wie sieht die Identifikation der Eigner mit Ihrer Firma aus? Geht sie gegen null, wie es bei der anonymen Entlohnungsform Geld der Fall ist, gilt für mich diese Firma als „wertlos". Liegt sie hoch, ist diese Firma damit jedoch noch nicht automatisch „wertvoll". Sie sollten einen genaueren Blick auf die Kultur werfen: Gelebte Kultur im Unternehmen orientiert sich an den Firmenwerten. Was lassen die Leitlinien erkennen? Wie sieht es mit der Wahrhaftigkeit der Eigner aus: Stimmen Wort und Tat überein? Wird dies auch vorgelebt?

Erst wenn die Shareholder eine Vorbildfunktion für die Mitarbeiter haben, kann von einem „wertvollen" Unternehmen gesprochen werden.

Ich habe zwei Firmentypen beschrieben, deren Einordnung nach meiner Vorstellung von „wertvoll und wertlos" sehr einfach ist. Komplexer wird die Beurteilung bei gemischten Strukturen. Nehmen wir eine Firma, die ausschließlich freie und breit gestreute Aktionäre hat. Die Firma ist groß und weltweit tätig. Wie beurteile ich in diesem Fall die Eigner? Zunächst wie bei der Messung der durchschnittlichen Körpertemperatur im Krankenhaus. Sie liegt im Schnitt geringfügig höher als 37 °. Die Leitung in diesem Unternehmen, also die Geschäftsleitung und der Verwaltungsrat, haben den größten Einfluss. Hier wird bestimmt. Ich betrachte also die Personen in diesen Funktionen genauer.

Diese großen, global aktiven Unternehmen besitzen eine globale Kultur mit globalen Werten, die sich oft als Kompromisse durchgesetzt haben. Es wurde also viel geglättet, nicht selten werden Leitlinien dabei geradezu nichts sagend. Es existieren zwar auch hochwertige Leitlinien, doch leben Firmen fast nie danach. Es fehlt an der *Wahrhaftigkeit,* die man glaubt, sich nicht mehr leisten zu können. Hinzu kommt, dass große internationale Firmen normalerweise Weltmarktprodukte herstellen. Hier geht es um viel Volumen und niedrige Kosten. Die Mentalität in solchen Geschäftsarten ähnelt jener der „Geldfixierer", also Firmen, die ausschließlich eine kurzfristige Geldvermehrung anstreben. Nicht alle großen, global aktiven Unternehmen, die Weltmarktprodukte herstellen, gehören automatisch zu den Fixierern. Die Gefährdung, so zu werden, ist dann besonders groß, wenn eine *stark zentralistische Struktur* herrscht.

Aktiengesellschaften haben nicht immer alle Aktien breit gestreut. Einige Gruppen oder Familien haben größere Anteile als andere. Diese üben dementsprechend auch einen höheren Einfluss aus. Im Sinne der Wertegestaltung und der Vorbildfunktion ist dies potenziell günstig. Einige solcher Firmen halte ich für sehr „wertvoll".

Am unmittelbarsten sind die KMUs. Oft befinden sie sich in Familienbesitz. Schon die geringe Größe erlaubt einen unmittelbaren Einblick. Diese Firmen sind meistens in einer – zum Teil recht großen – Nische tätig. Dort werden mit Innovationen Erfolge erzielt. Auch wenn diese Firmen weltweit tätig sind, haben sie ein klares Profil, eindeutige Werte und oft eine Identifikation der Eigner mit der Firma. Dies wiederum führt zu mehr Loyalität bei den Mitarbeitern, die ein hohes Engagement zeigen. KMUs überwiegen bei Weitem in meiner Matrix der „wertvollen" Unternehmen.

Es ist für mich logisch, dass jene Personen, die an der strategischen Ausrichtung der Firma den größten Anteil haben, auch beim Verteilen des Zuwachses des Firmenwertes (Aktienwert, Verkauf der Firma) entsprechend begünstigt werden sollten. Hier gilt dann:

Zuerst kommen die Eigner (Aktionäre), dann die Mitarbeiter, danach die Kunden und nicht umgekehrt.

Mal werden bei der Gewinnverteilung die Mitarbeiter vorrangig berücksichtigt, mal bei dem Zuwachs des Firmenwerts die Eigentümer. Wann profitiert der Kunde? Niemals! Der Spruch:

„Der Kunde ist König" kann nur vom Kunden selbst in die Welt gesetzt worden sein.

„Die" Kunden richten Ihre Firma, wenn Sie sie lassen, zu Grunde. Segmentieren Sie also Ihre Kunden. Suchen Sie Partner auf gleicher Augenhöhe. Suchen Sie die Kunden, die zu Ihnen passen. Verhelfen Sie diesen Kunden dazu, selbst erfolgreicher zu werden. Die Kunden betreffenden Themen wurden ausführlich behandelt. In Abbildung 90 sind sie nochmals zusammengefasst.

Abbildung 90

Es geht hierbei um das „Handwerkliche" in den Unternehmen. Fast alle Unternehmen arbeiten ununterbrochen an diesem Bereich. Große Unterschiede gibt es innerhalb der Anforderungen nicht, sieht man von Branchenbesonderheiten mal ab. Entscheidend ist hier, wie gut die Tools angewandt werden. Dazu ist im Wesentlichen eine methodische Kompetenz kombiniert mit strategischem, analytischem Denken notwendig. Die Qualität im Umgang mit den Tools genauso wie die konsequente Verfolgung dazugehöriger Maßnahmen ist bestimmend.

Nur durch gutes Managen entsteht hier Kundenzufriedenheit.

Somit stehen Ihre A-Kunden im operativen Geschäft immer im Handlungsfokus.

Auch die Mitarbeiter betreffenden Themen wurden ausführlich behandelt. In Abbildung 91 sind sie nochmals zusammengefasst.

Abbildung 91

In erfolgreichen Unternehmen wird das Mitarbeitermanagement von der Leitung gestaltet. Individuell wird in Kompetenzgestaltung und Verhaltenstraining investiert. Es wird viel kommuniziert. Erfolgreiche Unternehmen sind jene, deren „Leader" (Kap. 3.8) die Mannschaft ständig motivieren. Aktivitäten in diesem Bereich lohnen sich nur für Firmen, die bereit sind, sich permanent und nachhaltig zu verändern. Innovationen und damit Zukunftsprodukte für die Firma entstehen hier durch die Menschen, die dort arbeiten.

Der Erfolgsschlüssel ist die Kompetenz und Kreativität der Mitarbeiter.

Was ist nun das „selbst lernende" Unternehmen, das Sie anstreben sollten? Eines das beim Nichtnullsummenspiel von Paul Watzlawick immer auf der Gewinnerseite steht.

> „Wichtig ist die Unterscheidung zwischen Nullsummenspiel und Nichtnullsummenspiel. Nullsummenspiele sind all jene zahllosen Spiele, in denen der Verlust des einen Spielers den Gewinn des anderen darstellt. Gewinn und Verlust sind in der Summe immer Null. Nichtnullsummenspiele sind dagegen Spiele, bei denen der Gewinn und Verlust sich eben nicht ausgleichen. Die Summe ist entweder über, wenn alle Gewinner sind, oder unter Null, wenn alle Verlierer sind."[45]

Ein Streik z. B. ist ein Verliererspiel.

Das „selbst lernende" Unternehmen kann teilen, lebt die Balance, vermeidet Nullsummenspiele und ist daher bei den Nichtnullsummenspielen auf der Gewinnerseite. Menschen, die hier arbeiten, erledigen die aufgezeichneten zusammenhängenden Aufgaben qualitativ und eigenständig. Das wird durch die Umsetzung und die ständige Auseinandersetzung mit dem ganzheitlichen Ansatz erreicht (Abbildung 92):

Eigentümer + Mitarbeiter + Kunden = „selbst lernendes" Unternehmen

Der Terminus selbst lernendes Unternehmen bezeichnet anders gesagt die ständige Auseinandersetzung mit Menschlichem und damit mit dem Ideal-Kulturziel. Es ist die Alternative zur verkürzten Form des Shareholder-Value. Es setzt die Werteorientierung voraus.

---

[45] **Paul Watzlawick,** Anleitung zum Unglücklichsein, Piper Verlag, 1984

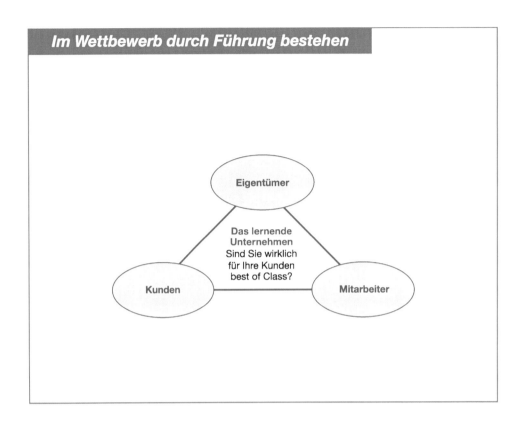

Eigentümer

Das lernende
Unternehmen
Sind Sie wirklich
für Ihre Kunden
best of Class?

Kunden

Mitarbeiter

Abbildung 92

Hier einige konkrete Beispiele in Anlehnung an Ulrich Hemel:[46]

- *Wir setzen unsere Strategie um.* Wer sein Unternehmen ohne Strategie führt, ist unethisch.
- *Offene Kommunikation* wird wie bei der Gewinnerkultur dokumentiert. Es ist unethisch, wesentliche Informationen zurückzuhalten.
- *Professionalität* in der Entscheidungsfindung schließt die Betrachtung von Folgewirkungen ein und stellt allerhöchste Ansprüche, bei unumkehrbaren Entscheidungen, wie z. B. Werksschließungen. Mangelnde Professionalität ist unethisch. Die ethische Entscheidung ist unabhängig vom Erfolg.

[46] **Ulrich Hemel,** Wert und Werte, Hanser Verlag, 2005

- *Wir vertrauen.*
- *Viele Werte, wenige Regeln.* Je stärker Menschen gewissen Werten und Zielen verpflichtet sind, umso weniger explizite Regeln benötigen sie. Umgekehrt gilt: Je weniger gemeinsame Werte und Ziele, umso umfangreicher das Regelwerk. Menschen wollen wissen, warum sie etwas tun sollen. Wer Ziele und Gründe nachvollziehen kann, für den wird Alltagshandeln sinnvoll im Kontext eines größeren Ganzen. Ethik leistet daher einen wesentlichen Beitrag zur Produktivitätsentwicklung. Denn Menschen, die wissen, was sie tun, sind in der Regel produktiver als solche, die ihre vereinbarte Zeit ableisten.
- *Wir bauen Substanz auf.* Es ist unethisch, eine Firma bis zur Insolvenzgrenze zu verschulden.
- *Balance versuchen.* So viel Gemeinsamkeit wie nötig, so viel Individualität und persönliche Gestaltung wie möglich.
- *Faire Trennung.* Wer unserem Wertesystem nicht folgen will, uns von Veränderungen nicht überzeugen kann, muss uns verlassen und sich selbst neu orientieren.
- *Wir beobachten die Gesetze eines Landes.* Verstoßen die Gesetze irgendwo auf der Welt gegen unsere Ethikvorstellungen, ziehen wir uns aus diesem Markt zurück.
- *Unsere Produkte entsprechen den von uns geweckten Erwartungen.* Irreführendes Verhalten ist unethisch.
- *„Win-win".* Unser Preis-Leistungs-Verhältnis stimmt. Es ist unethisch, eine Schwäche des Partners zu missbrauchen.
- *Wir akzeptieren das Primat der Gesellschaft, solange unsere ethischen Grundwerte nicht verletzt werden.* Wirtschaftliche Forderungen basieren auf Freiheits- und Entfaltungswerten, die weit über den Bereich Wirtschaft hinausgehen. Anders gesagt: Wirtschaft benötigt Werte, die sie selbst nicht setzen kann. Jede Gesellschaft braucht politische Prozesse, um sich darüber zu verständigen, was erlaubt oder verboten sein soll.

Viele Firmen streben hiernach und machen sich auf den langen Weg. Wenige haben das Ziel schon erreicht (< 5 Prozent in Europa). Es gehören Mut und Durchhaltevermögen dazu. Hierfür ist mehr nötig als nur „Ecce Homo". Fragen

Sie Ihre Mannschaft – Sie werden überwiegend begeisterte Zustimmung erhalten. Fragen Sie die Leitung, kommt zu recht Skepsis zum Ausdruck, denn:

Nur durch eine gute Führung entsteht hier der Gesamterfolg.

Führung schließt Integrität und ethische Sensibilität ein. Ich hoffe, auch Sie und Ihre Firma sind bald bei den 5 Prozent dabei.

5. DIE GESELLSCHAFTSFÜHRUNG, SIE MIT IHREM UNTERNEHMEN ALS MITGLIED DER GESELLSCHAFT

5.1 Businesskrieger, Narzissten, Bildung, Kulturunterschied Europa/USA, globale/lokale Firmen, Subsidiarität, Perspektive EU

Sie haben, was Sie verdienen?

In „Businesskrieger" schreibt Christine Bauer-Jelinek:

> „Es ist Krieg in der Wirtschaft. Despoten, Wichtigtuer und Intriganten regieren in vielen Unternehmen. Deren Einfühlungsvermögen ist verkümmert, sie sind unfähig, das eigene Trachten und Treiben zu reflektieren. Kritik meiden sie, Gefühle fürchten sie, die anderen sind immer schuld. Wer sich auf den Weg nach oben macht, zieht in den Krieg. Belohnt wird, wer seinem Chef nicht gefährlich wird; wer dafür sorgt, dass dieser Erfolge präsentieren kann. Opportunismus, Kuschertum und Angepasstsein bringt mehr, erfahren die Aufsteiger."[47]

Stimmt, diese narzisstischen Managertypen sind reichlich vorhanden, sie besitzen wenig soziale Kontrollmechanismen. Dafür sind sie ehrgeizig, intelligent, leicht formbar und tendenziell sehr jung. Damit sind sie für gewisse Firmen als Führungskraft geradezu prädestiniert. Sie bedingen sich gegenseitig. Sind sie verbraucht, werden sie abgelöst. Privat sind sie ja meist finanziell gut abgesichert. Narzissten sind jedoch anfänglich oft kreative Strategen und gewandte Redner. Sie faszinieren. Erst nach und nach werden sie unproduktiv, aggressiv, misstrauisch und unmenschlich. Sie fühlen sich unbesiegbar und fallen durch Arroganz und Selbstgerechtigkeit auf. Sie ignorieren Warnungen und nehmen schließlich extreme Risiken in Kauf.

---

[47]   **Christine Bauer-Jelinek,** Businesskrieger, C.H. Beck Verlag, 2003

Heiko Ernst beschreibt das so:

> „Auch Narzissmus, die Krankheit des ‚aufgeblähten Selbst', ist im Grunde nichts anderes als eine Form des Scham-Managements. Narzissten sind extrem vom Urteil anderer abhängig und deshalb besonders schamanfällig. Exponiert zu sein, sozusagen auf dem Präsentierteller zu leben und den Bewertungen der Mitwelt unterworfen zu werden, stellt eine extreme Bedrohung der eigenen Existenz und des psychischen Überlebens dar. Um der ständig drohenden Gefahr der Beschämung zu entgehen, inszenieren diese Menschen ihr Leben so, dass Entlarvungen ihres unsicheren und schwachen Ichs unwahrscheinlich werden. Mit großer Energie bauen sie Arrangements auf, in denen sie nur noch von bereitwilligen Claqueuren ihrer aufgeblähten und künstlichen Grandiosität umgeben sind."[48]

Wir freuen uns darüber, im Wettbewerb zu leben, der wird es dann schon richten ... Aus der Asche entsteht Neues. Das Durchschnittsalter von Firmen und die Statistik der Pleiten machen Hoffnung.

Was fehlt solchen Aufsteigern? Die Reife! Die Chance, dass ein Narzisst je reif wird, ist sehr gering, denn hierzu sind eine eigene Identität und Bildung eine Voraussetzung. Lernen ist noch keine Bildung, Wissen auch nicht. Beides jedoch gehört dazu. Was also ist Bildung? Aus einem Essay:

> „Bildung kann man nicht lernen und noch viel weniger lehren. Ein gebildeter Mensch geht auf andere ein. Er hat Einfühlungsvermögen und Takt, angenehme und natürliche Umgangsformen. Wer gebildet ist, kann außer seinem eigenen auch einen anderen Standpunkt verstehen. Gebildet sein heisst ebenfalls sachbezogen diskutieren, urteilen und handeln zu können. Wer Bildung hat, handelt mit Respekt gegenüber dem anderen und der Mitwelt. Gebildete Menschen sind immer auch grundsatztreue Menschen. Diese Art von Bildung kann sich ein Mensch im Lauf eines sozialen und beruflichen Lebens aneignen."[49]

---

[48] **Heiko Ernst,** Psychotrends, Piper Verlag, 1998
[49] Aus: ein Essay, geschrieben vor 11 Jahren, vielleicht blauäugig, **Urs Feierabend**, Nidau

Es ist zwar nicht gänzlich ausgeschlossen, dass ein Narzisst reif wird, aber fast alles spricht dagegen. Warum berufen also gewisse Firmen diese narzisstischen Menschen gerne in ihre Führung? Weil dieser Typus zu der kriegerischen Firmenkultur am besten passt. Es soll nicht gewonnen, sondern besiegt werden. Die Macht wird zur Ausnutzung eingesetzt. Diese Firmen versuchen ihre Kopien weltweit zu etablieren.

Dabei ist eine Kopie immer schlechter als das Original.

Schauen wir also auf das Original

Es ist der „way of life" in Nordamerika. Die amerikanische Gesellschaft hat eine andere Kultur als die europäische, obwohl sie ursprünglich stark europäisch verwurzelt war. Und dennoch steht sie uns, stellen wir einen weltweiten Vergleich an, sehr nahe. Diese Nähe und der Unterschied machen gerade die Schwierigkeit im Verstehen aus.

Menschen neigen dazu, gedankenlos von sich selbst auf andere zu schließen. Ich lebe in der Deutschschweiz. Ein Deutscher begreift nicht, dass das Schwyzerdütsch eine andere gesprochene Sprache ist. Erschwerend für das Verständnis kommt hinzu, dass die Schriftsprache jedoch gleich ist. Das Vorurteil heißt logischerweise „die Schweizer wollen nicht mit uns Deutschen Deutsch reden". Daher gelten die Helvetianer in Deutschland gemeinhin als stures Volk. Zu Unrecht.

Wir Europäer unterstellen den Amerikanern in gewissem Maße, Europäer zu sein, und umgekehrt meinen die Amerikaner, wir wären so wie sie. Anhand einiger exemplarischer Themen – dem Verständnis der Demokratie und dem Verständnis von Gerechtigkeit – möchte ich grundlegende Unterschiede auch in der gelebten Kultur aufzeigen.

Die Schweiz pflegt ein gemeinschaftsorientiertes Verständnis von Freiheit und Bürgerrechten. Gemeinnutz hat in der Schweiz zu allen Zeiten Vorrang vor privaten Eigentumsrechten. Dies hat mit der Geschichte des Landes zu tun, in der beispielsweise Weiderechte einen hohen gemeinschaftlichen Wert hatten. Daher pflegt die Schweiz bis heute auch eine kollektive politische Führung. Der Regierung, dem Bundesrat, gehören alle größeren Parteien an. Die Bevölkerung ist der Souverän und stimmt mehrere Male in Jahr über Gesetzesänderungen ab. Das Votum ist bindend. So entstand das Denken mehr in der „Wir-Form" und eine Demokratie, die dafür sorgt, dass private Macht und persönliche Bedürfnisse in verträgliche Bahnen gelenkt werden. Der Nachteil der Schweizer Lösung ist, dass manche Prozesse längere Zeit beanspruchen, weil die Mehrheit der Bevölkerung zur Durchsetzung von Anliegen notwendig ist.

> „Für die in der Schweiz praktizierte direkte Volksdemokratie kann die in den USA praktizierte Präsidialdemokratie überhaupt keinen Vorbildcharakter haben."[50]

Auch für parlamentarische Demokratien, wie wir sie überwiegend in Europa kennen, hat das US-amerikanische Auswahlsystem keinerlei Vorbildfunktion.

Mit der radikalindividualistischen Orientierung des amerikanischen Gesellschaftsmodells hat die Europäische Union inzwischen nur mehr wenig gemein. Schauen wir kurz zurück auf die unmittelbaren Nachkriegsjahre. Die USA hatten ein extrem positives Image. Die Europäer waren beeindruckt, wie sie befreit wurden. Sie waren beeindruckt von der großen Aufbauleistung, die die Amerikaner leisteten. Sie waren beeindruckt von dem amerikanischen Wertesystem. Sie empfanden dieses als beispielhaft, bewundernswert und nachahmenswert. Nach und nach verblasste diese Vorbildfunktion. Die „Ent-täuschung" nahm zu. Die Art der Machtausübung zeigte, mit wenigen positiven Zwischenperioden, die grenzenlose Selbstüberschätzung und einen zunehmenden Realitätsverlust der dort Mächtigen. Die Gesellschaft scheint zunehmend zu degenerieren. Im Augenblick sieht es aus, als ob die Administration in den USA vergessen hat, dass

> „Demokratien von innen nach außen wachsen und von unten nach oben und nicht umgekehrt".[51]

---

[50] **Benjamin R. Barber,** Imperium der Angst, C.H. Beck Verlag, 2003
[51] **Benjamin R. Barber,** Imperium der Angst, C.H. Beck Verlag, 2003

Die Beseitigung eines Sklavenhalters bedeutet daher auch nicht automatisch das Ende der Sklaverei.

Eine bis vor Kurzem so bewunderte, vorbildhafte Gesellschaft leistet sich heute Folter, mehr als 50 Prozent der Bevölkerung behauptet aber: „Wir Amerikaner foltern nicht." Sie lässt sich von der eigenen Regierung in einen Erschöpfungskrieg treiben und will eine Begründung, die offensichtlich auf leicht erkennbaren Lügen basiert, koste es, was es wolle, glauben. Statt Zweifel hört sie von mehr als 50 Prozent „Wir Amerikaner lügen nicht". Wie passt das zusammen?
Wir Europäer neigen dazu, wenigstens Freunden gegenüber in der Erzählung wahrhaftig sein zu wollen. Amerikaner bevorzugen, um Peinlichkeiten zu vermeiden, die Heuchelei. Sie bleiben dabei höflich. Daher „Wir foltern nicht".
In God's own country hat die große Mehrheit nach wie vor ein reines Gewissen. Ein derart reines Gewissen enthemmt. Diese Gesellschaft zwingt sich eine Wirklichkeitssperre auf. Der Realitätsverlust wächst. Es ist ein großes Risiko für den Rest der Welt, dass in einem so mächtigen Land womöglich ein mehrheitlich gewalttätiges Volk lebt. Ein Volk, das andere nicht leben lassen kann, wie sie wollen. Der vom Ideal des Auserwähltseins Überzeugte verleugnet das eigene Versagen und sucht den Weg des Selbstbetruges.

Aufschlussreich ist auch ein Vergleich zwischen den Systemen der Rechtsfindung und Rechtsprechung. Das europäische Rechtssystem beruht auf der Philosophie der Wahrheit. Unabhängige Gremien ermitteln und recherchieren, Richter bemühen sich um Wahrheitsfindung, um Recht zu sprechen. Manche Bemühungen sind ungenügend, manche Ergebnisse beschämend.

Im angloamerikanischen Verständnis ist die Rechtsprechung hingegen subjektiv und verhandelbar. Was Recht ist, wird argumentativ zwischen Ankläger und Verteidiger ausgefochten. In dieser Rechtstradition sind es die Bürger in ihrer Eigenschaft als Geschworene und nicht versierte Richter, welche die letzte Entscheidung über Schuld oder Unschuld fällen. Ob da nicht der Stärkere obsiegt? In jeder Demokratie sind Gesetze dazu da, Gerechtigkeit zu gewährleisten. Das Maß der Gerechtigkeit, trotz aller Unzulänglichkeiten, spricht eindeutig für die europäische Variante.

Die in den USA gelebte Kultur – im Sinne von Umgang mit Macht, Siegesdrang, Freiheit, Zukunftsoptimismus, Sendungsbewusstsein etc. pp. – ist anders gewachsen als in Europa. Deshalb gelten in der amerikanischen Gesellschaft andere Gepflogenheiten und Regeln als bei uns. Es ist dort ganz normal, regelmäßig einen neuen Job anzunehmen; ohne großen finanziellen Aufwand Entlassungen durchzuführen; mal ein Jahr eine schöpferische Pause einzulegen; eine Pleite hingelegt zu haben und vieles mehr. Die gesellschaftliche Bedeutung des Einzelnen bemisst sich vor allem an seinem Kontostand. Geld zu haben ist Image, am besten kombiniert mit dem Mythos des Amerikanischen Traums: Vom Tellerwäscher zum Millionär.

In den USA können Firmen Personalbeschaffungsthemen leicht lösen. Wenn Kompetenzen fehlen, kauft man diese einfach am Markt ein. Wieso sollte Weiterbildung also Aufgabe der Firma sein? Es muss daher nicht unbedingt in Personalpflege investiert werden.

Niemand würde nun behaupten, die Amerikaner wirtschaften schlecht. Niemand würde behaupten, die ganze dortige Gesellschaft sei degeneriert, weil die Konservativen unter Georg W. Bush eine unethische Politik betreiben. Ganz im Gegenteil. Ihre Gesellschaft bringt eine Menge Innovationen hervor, ist effizient und bewegt sich auf vielen Feldern schnell vorwärts.

Sollten wir deshalb alle Amerikaner werden?

Nein, das wollen wir nicht. Wenn Sie das möchten und gut ausgebildet sind, werden Sie in den USA gerne aufgenommen. Doch wir, die wir gerne hier leben, wollen Europäer bleiben. Wir wollen unsere eigene Kultur leben, auch dann, wenn sich unsere Gesellschaft im Moment mit ihren Anpassungsprozessen schwertut. Vielleicht wollen wir gerade deswegen heute hier sein.

Auch Firmen leben in einer Kultur. Diese Kultur ist stark geprägt durch ihre Umgebung. Natürlich kann man in Europa eine nach amerikanischen Regeln funktionierende Firma aufbauen (die geringen Anpassungen lassen wir mal beiseite). Natürlich geht das auch umgekehrt. Vor Ort finden sich Menschen, die gerne mitmachen. Diese Art Firmen bleiben aber Exoten, Ausnahmen. Die beste Regel ist, in den USA Firmen mit amerikanischer Kultur zu haben, in Europa mit europäischer Kultur und in China mit chinesischer Kultur. Wie gesagt:

Kopien sind immer schlechter als das Original.

Dieser lokale Kulturanspruch gilt besonders für weltweit tätige Firmen. Sie müssen lokal sein, wie einige große Firmen, beispielsweise ABB, dies propagieren: „think global, act local". Sie müssen sich in der lokalen Kultur bewegen. Zusätzlich ist es wichtig, ein lokales Management zu haben. Noch besser wäre es, würden solche lokalen Firmen nicht einer Zentrale in einer anderen Region angehören, sondern innerhalb eines unabhängigeren Netzwerkes zusammenarbeiten. Damit wären viele extrem teure Fehlentscheidungen aus Firmenzentralen (wer zahlt, bestimmt) vermeidbar. Die Dezentralisierung von Macht ist anzustreben:

> „Die Idee eines Hauptquartiers, das zentralistisch alle wichtigen Entscheidungen trifft, ist überholt. Komplexe Organisationen lassen sich nicht mehr nach dem Prinzip der Befehlspyramide führen."[52]

Große globale, zentral geführte Konzerne haben keine Heimat, keine Basis mehr. Dadurch fehlt es an der Verbundenheit mit einer Region und der Gesellschaft. Die ethischen Werte nehmen ab und die Fokussierung nur auf Geld nimmt dann oft fundamentalistische Züge an, wohl deshalb, weil dies das einzige noch Verbindende ist. Das Misstrauen in der Gesellschaft wächst. Unternehmerisch können solche Konzerne in der Tat nicht mehr geführt werden.

Erfolgreiche Unternehmen dagegen sind in die lokale Kultur eingebunden
und werden nicht von einer Zentrale fremdbestimmt,
erst recht nicht in ihrer Firmenkultur.

Diese lokalen Firmen haben ihre eigene Identität und Attraktivität. So sie gut sind, leben sie zumindest minimal die allgemein anerkannten ethischen Regeln. So kann Kinderarbeit nicht gerechtfertigt werden, auch bei den Zulie-

---

[52]   **Heiko Ernst,** Psychotrends, Piper Verlag, 1998

ferern nicht. In China beispielsweise darf die dort heute oft vorkommende Ausbeutung und Unterdrückung des Individuums nicht akzeptiert werden.

> „Die Gesellschaft existiert und ist notwendig, aber als Ergänzung zum Individualismus, nicht als dessen Ersatz."[53]

Für eine erfolgreiche Umsetzung einer Firmenstrategie gibt es viele Wege. Den einen ausschließlichen Königsweg gibt es nicht. Zwei Dinge sind ausschlaggebend: die Konsequenz des Verhaltens und der Antrieb, die Motivation. Wie motiviert wird, bestimmt die Kultur, in der Sie leben. Was für Europa gut ist, muss noch lange nicht für die USA oder China gelten. Wir hier sollten uns auf unsere eigenen europäischen Werte besinnen. Dabei sollten wir unbedingt von den USA, von China, Japan etc. lernen wollen, doch Lösungen sind nicht von der gelebten Kultur und damit auch nicht von Firmenkulturen trennbar.

Kulturelles ist nicht exportierbar und nicht importierbar.

Freuen wir uns über Vielfalt, denn sie ist reicher und stabiler als eine verwässerte Einheitssoße. Ein Dankeschön an Frankreich. „Es lebe die Freiheit, Gleichheit und Brüderlichkeit." Davon wurden auch wir kulturell stark beeinflusst. Die Reihenfolge ist kein Zufall. Freiheit ist nicht alles, aber ohne Freiheit ist alles nichts. Freiheit endet dort, wo man die des anderen beginnt einzuschränken.

> „Es kann heute aber nicht mehr wie 1789 *nur* um ‚Freiheit, Gleichheit und Brüderlichkeit' gehen. Nicht nur Brüderlichkeit, sondern auch Geschwisterlichkeit ist gefragt. Nicht nur Freiheit, sondern zugleich Gerechtigkeit. Wie wäre es mit folgenden Grundwerten: größtmögliche Freiheit und Bereitschaft zur Verantwortung für die Allgemeinheit, menschenwürdige Grundabsicherung, Chancengleichheit und Respekt vor der Natur. Eine Wirtschaftspolitik, die sich nicht mehr an diesen ethischen Werten orientiert, verkommt zum zynischen Geschäft und ist letztlich kontraproduktiv für die Gemeinschaft."[54]

---

[53] **Charles Handy,** Die Fortschrittsfalle, Goldmann Verlag, 1998
[54] **Hans Küng,** Die Schweiz ohne Orientierung? Benziger Verlag, 1992

Unsere Gesellschaft steuert auf eine 30:30:40-Struktur zu. Nur etwa 40 Prozent der Menschen leben im Wohlstand. Bei 30 Prozent ist der Wohlstand bereits gefährdet und weitere 30 Prozent leben am Rande der Gesellschaft. Ich kann mir einfach nicht vorstellen, dass wir mit 60 Prozent benachteiligter Bevölkerung friedlich leben können. Ich kann mir auch nicht vorstellen, dass wir mit einer Jugendarbeitslosigkeit von 20 Prozent und der sich daraus ergebenden Perspektivlosigkeit in Frieden leben können.

Die Erfahrung zeigt, dass Ratlosigkeit und Unsicherheit in einer Wendesituation am größten sind. Ratlosigkeit und Unsicherheit haben wir im Moment genug. Sind wir auch an einer Wende? Wohin steuern wir? Die folgende Abbildung zeigt mögliche Alternativen:

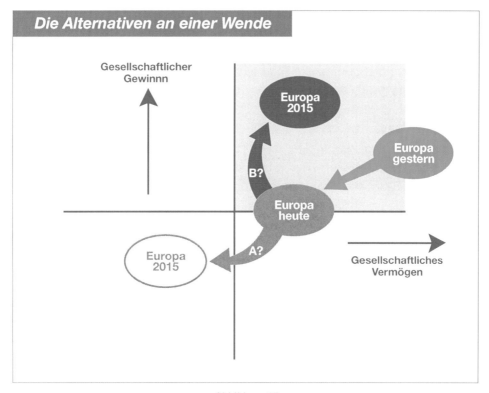

Abbildung 93

Wo ist der Zukunftsentwurf? Wie werden die Sozialsysteme angepasst? Wie lässt sich Bürokratie reduzieren? Wie werden politische Systeme geschaffen, mit denen sich die Bürger identifizieren können? Wie werden Entscheidungen regionalisiert, also wie erschaffen wir eine Umkehr vom Zentralismus? Wie realisiert sich das *Subsidiaritätsprinzip*?

„Was von den einzelnen Menschen mit eigener Kraft und durch eigene Tätigkeit geleistet werden kann, soll ihnen nicht entrissen und der Gemeinschaft übertragen werden. Aufgaben, die von einer kleineren und untergeordneten Gemeinschaft bewältigt werden können, sollen nicht der höheren und übergeordneten Gemeinschaft zugeschoben werden."[55]

Ich bin der Meinung, wir befinden uns an einer Wende. Opportunisten und Narzissten, von denen es leider auch in der Politik viel zu viele gibt, werden nicht erreichen, dass die Menschen mit Brot und Spielen zufrieden sind. Die europäische Bevölkerung wird ihren Institutionen Beine machen und Tempo in der Umsetzung verlangen. Die Stärke hat sie dafür. Hat sie auch die Reife? Prüfen wir das nach den Ansprüchen von Konfuzius (551–479 v. Chr.).

„In alten Zeiten, als die Führer um das Wohlergehen ihrer Untertanen noch besorgt waren, wollten sie ihre Staaten weise regieren. Um ihre Staaten weise regieren zu können, strebten sie zuerst danach, ihre Familien in Ordnung zu bringen. Im Streben nach Ordnung in ihren Familien mussten sie bemüht sein, gute Menschen zu werden. Für das Ziel, gute Menschen zu werden, trachteten sie danach, ihre Herzen zu reinigen. Beim Trachten nach der Reinigung ihrer Herzen durften sie nur noch aufrichtige Gedanken haben. In dem Bemühen um aufrichtige Gedanken arbeiteten sie an der Vergrößerung ihres Wissens. Und bei der Vergrößerung ihres Wissens entdeckten sie die Beweggründe für die Taten der Menschen. Nachdem sie die Beweggründe für die Taten der Menschen entdeckt hatten, vergrößerte sich ihr Wissen. Aufgrund ihres großen Wissens konnten sie nur noch aufrichtige Gedanken haben. Die aufrichtigen Gedanken reinigten ihre Herzen. Sobald ihre Herzen rein waren, wurden

---

[55] **Hans Küng,** Die Schweiz ohne Orientierung? Benziger Verlag, 1992

sie gute Menschen. Als gute Menschen gelang es ihnen, ihre Familien in Ordnung zu bringen. Mit geordneten Familien könnten sie ihre Staaten weise regieren. Und nachdem ihre Staaten weise regiert wurden, lebten ihre Untertanen in Wohlergehen und Glück."[56]

Im Sinne von Konfuzius haben wir in Europa noch viel zu tun, trotzdem sind wir unverwechselbar und stark. Hier eine kleine Auflistung.

- Demokratie
    - Vielfältigkeit
        - lokale Identität
            - Humanismus
                - Konsensfähigkeit
                    - Friedfertigkeit
                        - Rechtsstaatlichkeit
                            - Bildung
                                - viel Mittelstand
                                    - Toleranz
                                        - mehr ...

Geert Mak beschreibt auf eine sehr menschliche Weise die Geschichte der letzten 100 Jahre in Europa.
In seiner übersetzten Zusammenfassung heißt es:

„Die Schwäche Europas, die Vielfältigkeit, ist zugleich ihre größte Kraft. Europa als Friedensprozess war ein enormer Erfolg. Europa als wirtschaftliche Einheit ist auch ein ganzes Stück auf dem richtigen Weg. Aber schließlich ist das europäische Projekt zum Misserfolg verurteilt, wenn daneben nicht schnell Raum für gemeinschaftliche kulturelle, politische und vor allem demokratische Prozesse entsteht. Denn bedenke: Europa bekommt nur eine Chance."[57]

---

[56]   **Wolfgang Berger,** Business Reframing, Gabler Verlag, 1998
[57]   **Geert Mak,** In Europa, Siedler Verlag, 2005

Einzig bei der Formulierung *nur eine* Chance möchte ich widersprechen. Europa wird viele Chancen bekommen. Europa wird auch viele kleinere Schritte machen. Einige werden uns vorübergehend zurückwerfen. Schließlich ist der Nationalismus noch nicht überwunden. Da gibt es weitere Gefahren aus der Wirtschaft im Bereich der Energie oder falls die Wirtschaft in China eine harte Landung macht oder das amerikanische Leistungsbilanzdefizit kollabiert. Auch im Umweltbereich sind die Gefahren groß. Denken Sie an das Klima und die Trinkwasserversorgung. Vieles ist politisch noch nicht stabil. Beispiele sind Terrorismus, Massenvernichtungswaffen oder Kriminalität.

Schauen Sie aber auf den Menschen. Schauen Sie auf das Zusammengehörigkeitsgefühl. Schauen Sie auf das wachsende Verständnis füreinander. Die Politiker sind in ihrem Verhalten oft hinter den Menschen zurückgeblieben. Hier muss aufgeholt werden. Auch die Kirche, besonders die katholische Kirche, hat den Anschluss an den Menschen verloren. Die Kirche verhält sich heutzutage unmoralisch, weil sie nicht zur Befreiung der Menschen beiträgt, was ihre eigentliche Aufgabe wäre. Im Gegenteil, sie behindert vielfach deren persönliche individuelle Entwicklung durch Vorgabe schon längst überholter Regeln. Denken Sie etwa an die Sexualmoral der katholischen Kirche. Dieses Verhalten fordert banale Gehorsamkeit. Von da ab ist es ein kleiner Schritt zum Fundamentalismus. Dort angekommen können Menschen dann behaupten, sie wären von Gott berufen. Diese Art der Glaubensausübung hat nur sehr wenig mit Religion zu tun. Sie beruht mehr auf Macht und Einfluss.

Religiosität ist meines Erachtens ein Urbedürfnis. Es ist das Verlangen nach Spiritualität. Ein Verlangen, dem die Kirchen viel besser nachkommen müssten. Religiöse Menschen haben eine hohe Achtung für das Leben an sich in jeder denkbaren Form. Diese Menschen sind oft tiefgründig und legen hohe Maßstäbe auch an sich selbst an. Hier gelten Werte, die selbst erarbeitet und erfahren wurden. Hier liegt die Wurzel zur Religion und zur Reife. Spiritualität hilft diesen Menschen, sich zu befreien. Sie reduziert unmotivierte Ängste.

Es ist zu wünschen, dass die Kirchen den Anschluss an den Menschen wiederherstellen. Nicht dass es nicht auch ohne die heute bekannten Kirchen ginge. Es kann durchaus sein, dass die momentan etablierten Gotteshäuser in 100 Jahren nur noch sektiererisch tätig sind. Gewiss werden dann andere Formen von Kirche neu entstanden sein. Zukunft braucht aber auch Herkunft. Daher ist zu wünschen, dass die heutigen Kirchen sich schnell verändern und sich den mündigen Gläubigen zum Ziel setzen.

Die Menschen werden auch uns in der Wirtschaft Beine machen. Sie werden verlangen, dass Betriebe die hohe Arbeitslosigkeit beseitigen. Wir müssen uns dabei gerade auf die kleinen und mittelständischen Unternehmen besinnen, die dies leisten können. Weltweit tätige Firmen, die Weltmarktprodukte im Volumenbereich herstellen, bauen dagegen Arbeitsplätze im größeren Umfang ab. Dieser Trend ist nicht zu stoppen.

Wollen die Europäer also Arbeitsplätze, dann muss die Förderung von Großunternehmen eine Weile gestoppt und der Mittelstand bevorzugt werden. Die finanzielle Basis des Mittelstandes, besonders im Eigenkapital, muss drastisch verstärkt werden. Die übermäßige Besteuerung dieser Unternehmen gehört reduziert. Unternehmen sollten wieder unternehmerisch aktiv sein können. Dazu ist etwas Zeit nötig und vor allem der Wille dazu.

Politiker oder Manager – besonders jene, die nur ihre eigene Macht aufrechterhalten wollen, so wie andere Narzissten und Ewiggestrige – werden hoffentlich nicht mehr gewählt bzw. ernannt. Statt Stillstand und Verharrung braucht es mehr Perspektive, mehr „Ecce Homo – im Wandel".

- In einer Demokratie hat jede Bevölkerung die Politiker, die es gewählt und damit verdient hat.
- In einer offenen Gesellschaft hat jeder den Chef und das Unternehmen, das er selbst ausgesucht und damit verdient hat.
- In der Beziehung hat jeder den Partner, den er ausgesucht und damit verdient hat.
- Jeder, der sich bewegt, hat das verdient, was er erhält.
- Jede …

Für mich ist momentan nur Europa im Stande, ein tragbares Zukunftskonzept zu entwickeln: ein Modell mit ausgewogenen Kompromissen zwischen sozialer Sicherheit und Marktwirtschaft, zwischen starkem Staat und persönlicher Freiheit und zwischen Bevormundung und Unterstützung. Es sichert der Jugend eine Perspektive, weil es Chancen bietet.

ANHANG

Mitarbeitergespräch:

1. Verantwortung des Mitarbeiters

2. Ziele der letzten 12 Monate
2.1
2.2
2.3

3. Ergebnisse der letzten 12 Monate

4. Folgerungen für die kommenden 12 Monate
   (Details siehe Zielvereinbarung)

5. Fähigkeiten des Mitarbeiters
   Fachkompetenz
   Methodenkompetenz
   Soziale Kompetenz
   Persönliche Kompetenz

6. Vorstellung des Mitarbeiters von seiner beruflichen Entwicklung
   (siehe auch Punkt 4)

7. Potenzialeinschätzung

8. Geplante Maßnahmen
   □ nicht erforderlich
   □ erforderlich

   Maßnahme:
   Zeitrahmen/Verantwortlichkeit für die Umsetzung

9. Durchsprache der Zielvereinbarungen, des Gehalts und der Erfolgsbeteiligung
□ erfolgt
Bemerkungen:

Ort/Datum   (Unterschrift Mitarbeiter)   (Unterschrift Führungskraft)

Fragebogen sozialer Kompetenz

Wie sehe ich Herrn ....?

Mein Name: ....

Wir kennen uns: < 1 Jahr

2 – 3 Jahre

> 3 Jahre

1.	Sensibles Einfühlen und Handeln	++	+	0	-	--
1.1	Hört mir zu					
1.2	Widerspricht mir nicht sofort					
1.3	Geht auf meine Probleme ein					
1.4	Kann Nichtgesagtes spüren und reagiert angemessen					
1.5	Stellt mich nicht bloß und beschämt mich nicht					
1.6	Verletzt meine Gefühle nicht					
1.7	Stellt sich selbst nicht immer in den Mittelpunkt					

2.	Kommunikationsfähigkeit	++	+	0	-	--
2.1	Geht auf mich ein					
2.2	Lässt mich ausreden					
2.3	Bemüht sich, mich wirklich zu verstehen					
2.4	Kann sich mir verständlich machen					
2.5	Kann seine Gefühle ausdrücken					

3.	Motivationsfähigkeit	++	+	0	-	--
3.1	Erkennt meine Leistung an und lobt mich					
3.2	Sucht bei Fehlern nicht nach Schuldigen, sondern bietet Hilfe an					

3.3	Stellt sich bei unberechtigter Kritik vor mich					
3.4	Gibt mir Unterstützung und Rückenstärkung					
3.5	Stellt mir herausfordernde und zugleich erreichbare Ziele					
3.6	Gibt mir Handlungsspielraum					
3.7	Kann mich für Ziele und Aufgaben begeistern					
3.8	Kann Erfolg teilen					
3.9	Fördert meine Eigeninitiative					

4.	Teamfähigkeit	++	+	0	-	--
4.1	Informiert mich/uns umfassend und schnell					
4.2	Nimmt sich Zeit für mich					
4.3	Behandelt mich respektvoll					
4.4	Spricht offen mit mir über meine Stärken und Schwächen					
4.5	Sagt mir deutlich seine Erwartungen an mich					
4.6	Hilft mir bei der Qualifikation für neue Aufgaben					
4.7	Trifft mit mir klare Zielvereinbarungen					
4.8	Gibt sein Fachwissen weiter					
4.9	Ist für mich da, wenn ich ihn brauche					

5.	Konfliktfähigkeit	++	+	0	-	--
5.1	Kehrt Konflikte nicht unter den Teppich					
5.2	Steht zu seiner/ihrer Meinung					
5.3	Akzeptiert andere Meinungen und hört sich auch Unangenehmes an					
5.4	Kann im Konfliktfall mit Gefühlen umgehen					
5.5	Kränkt nicht und nutzt meine Schwächen nicht aus					
5.6	Droht und erpresst nicht					

5.7	Redet nicht um den heißen Brei herum und spricht auch Unangenehmes aus					
5.8	Wärmt alte Geschichten nicht auf					

6.	Konsensfähigkeit	++	+	0	-	--
6.1	Kann andere Standpunkte nachvollziehen					
6.2	Geht auf meine Argumente ein und überdenkt seine Meinung					
6.3	Kann eigene Standpunkte aufgeben					
6.4	Trägt gemeinsame Entscheidungen aktiv mit					
6.5	Hat ein Gespür für die Wichtigkeit von Argumenten					

7.	Fairness miteinander	++	+	0	-	--
7.1	Verhält sich nicht nach dem Motto „Ober sticht Unter"					
7.2	Wird mir gegenüber nicht ausfallend und persönlich verletzend					
7.3	Behandelt mich gerecht und fair					
7.4	Nutzt meine Schwächen nicht aus					
7.5	Verbreitet keine Gerüchte					
7.6	Redet nicht negativ über andere, vor allem wenn diejenigen nicht dabei sind					
7.7	Ich vertraue ihm					